K콘텐츠 코드

K콘텐츠 코드

초 판 1쇄 2023년 07월 20일

지은이 이현경 정민아 이용철
펴낸이 류종렬

펴낸곳 미다스북스
본부장 임종익
편집장 이다경
책임진행 김가영, 신은서, 박유진, 윤가희, 정보미
표지 그림 한국화가 이영희 '도시산수'

등록 2001년 3월 21일 제2001-000040호
주소 서울시 마포구 양화로 133 서교타워 711호
전화 02) 322-7802~3
팩스 02) 6007-1845
블로그 http://blog.naver.com/midasbooks
전자주소 midasbooks@hanmail.net
페이스북 https://www.facebook.com/midasbooks425
인스타그램 https://www.instagram/midasbooks

※ 이 저서는 2021년 대한민국 교육부와 한국연구재단의 지원을 받아 수행된 연구임(NRF-2021S1A5C2A02086967)

ISBN 979-11-6910-288-9 03680

값 20,000원

미다스북스는 다음세대에게 필요한 지혜와 교양을 생각합니다.

10개의 코드로 읽는 대한민국 콘텐츠의 흐름

K콘텐츠
코드

이현경

정민아

이용철

앞으로의 과제는 'K' 안에 무엇을 담을 것인가이다

미다스북스

이 책은 지난해(2022년) 2월에 출간 된 『봉준호 코드』 후속작이다. 『봉준호 코드』를 준비하면서 '코드' 시리즈를 기획하게 되었고, 두 번째 책으로 소개하는 것이 바로 『K콘텐츠 코드』다.

〈오징어 게임〉, 〈지옥〉, 〈지금 우리 학교는〉 등의 K콘텐츠가 글로벌 OTT 1위에 등극하면서 K콘텐츠의 인기가 전 세계로 퍼져나가고 있는 와 중이었다. 우리는 K콘텐츠의 인기 비결이 무엇인지, K콘텐츠의 주요 소재와 주제는 무엇인지 순수 관객의 입장에서 궁금하였다. 우리 자신의 궁금증에서 시작하여 학문적 · 비평적 차원의 분석으로 나아가자는 것이 기획의 시작이다. 그러다 2022년 11월에 'K컬처' 전반을 살펴보는 콜로키 움을 진행하게 되었다. K팝, K드라마, K시네마 등 세 분야의 비평가와 기자들로 구성된 'K컬처 콜로키움'은 성공적이었다.

이 콜로키움을 정리한 것이 2023년 1월에 출간된 『K컬처 트렌드 2023』 이다. 여기에는 영화, 드라마, 대중음악 세 분야에 걸쳐 2022년을 정리 하고 2023년을 전망하는 내용이 담겼다. 이후 준비하고 있던 『K콘텐츠 코드』는 영화와 드라마 등 서사물로 범위를 정하여 이를 심도 깊게 분석 하고 비평하는 글로 방향이 구체화되었다.

계획보다 출간이 다소 늦어졌다. 『K컬처 트렌드 2023』과 차별화 되어 야 한다는 다짐과, 그보다 우리를 힘들게 했던 건 콘텐츠가 하루가 멀다

하고 쏟아져 나온다는 점이었다. 전에 봤던 작품은 기억이 가물거리고 봐야 할 작품은 매일 같이 쌓여가는 난국이었다. 콘텐츠 감상이 마치 놀이동산 투어처럼 즐겁던 우리는 콘텐츠 지옥으로 빠져드는 느낌마저 들었다. 그러나 2020년에서 현재까지 이어지는 K콘텐츠의 향연을 정리하여 분석하는 작업은 꼭 필요한 일이어서 모든 작품을 아우르겠다는 욕심을 내려놓고, 키워드를 중심으로 콘텐츠를 하나하나 다시 되짚어 보았다.

K콘텐츠라 하면 많은 것이 포함될 수 있다. 드라마, 영화, 팝, 예능, 다큐멘터리, 뮤지컬, 게임 등. 하지만 이 책에서는 드라마, 영화, 예능에 국한하여 서술하였다(이후 언급된 K콘텐츠는 이 분야를 의미하는 것으로 사용한다). 그러나 주된 분석 대상은 드라마와 영화다. 글의 깊이를 위해서 저자인 영화평론가 3인의 전문적인 영역에 충실 하는 게 낫겠다고 판단하였다. 최근 K콘텐츠를 다루는 책들이 발 빠르게 출간되고 있다. 대부분은 한국문화의 광범위한 분야를 아우르고 있으나 K콘텐츠의 핵심인 드라마와 영화를 집중적으로 분석한 책은 흔치 않다.

2000년대 초반 '한류'라는 용어가 뉴스에 도배되던 시절이 있었다. '한류'는 중국 기자들이 한국에서 온 아이돌 그룹에 대한 기사를 쓰면서 사용하기 시작했다고 알려져 있다. 한국 TV 드라마가 중국, 일본, 동남아시아에 이어 중동까지 수출되고, 몇몇 작품은 그 나라의 국민 대부분이 시청할 정도로 엄청난 인기를 누리기도 했다. 이때까지만 해도 한류는 아시아에 국한된 유행으로 여겨졌다. 유행은 특정 시기에 나타났다 사라지는 것이므로 한류를 고정적이고 영구적인 현상으로 바라볼 수 없었고, 우리 내부에서도 비관적인 의견이 더 컸다. 지금은 한류라는 용어 대신 'K'라는 접두어가 붙는 단어들이 통용된다. K푸드, K뷰티, K패션, K의료, 심지어 코로나19 팬데믹 시국에 'K방역'이라는 말도 생겨났다.

'K'가 세계적으로 널리 확산된 건 K팝이 시발점이다. 해외에서 한국 팝을 J팝을 본 따 한국이라는 국가 정체성을 넣어 'K팝'이라 부르자 국내에서도 이 단어를 수입하였다. 이후 'K'라는 접두어가 적극적으로 사용되기 시작했다.

한류가 특정 지역에서 특정 시기에 퍼졌던 유행이라면 'K'는 성격이 좀 다르다. 한류에서 K콘텐츠로 이름이 바뀌는 과정에서 한국에서 생산된 대중문화는 세계 시장의 주변부에서 중심으로 진입하였다. 어느새 'K'는 타 국가에서도 적용될 수 있는 가능성을 보여주고 있다. 예를 들면 K팝은 단지 한국에서 만들어진 음악을 지칭하는 것이 아니라 고유한 장르로 진화하고 있다. 해외에서 외국인들이 K팝을 제작하는 일이 생겨나고 있는 단계로 접어든 것이다.

지금 K콘텐츠의 인기는 2000년대 아시아로 퍼져가던 한류 TV드라마의 인기와는 차원이 다르다. K콘텐츠는 지역 제한 없이 글로벌한 콘텐츠로 소비되고 있으며 한국다운 고유한 성격이 기초를 이루는 문화 콘텐츠라는 인식이 뿌리를 내리고 있다. K콘텐츠를 통해 'Korea'의 의미가 글로벌 시민에게 새롭게 확산되었다. K에는 매력적이고 세련되고 힙하고 쿨하고 젊고 감각적이고 역동적이라는 의미가 더해진다. 우리도 모르는 새 K는 가장 멋지고 재미있는 것이 되어 있었다.

K콘텐츠를 분석하면서 '콘텐츠'라는 말의 의미와 효용에 대해 다시 생각해 보았다. 언제부터인가 콘텐츠라는 말을 자연스럽게 사용하게 되었다. 수 년 전까지만 해도 일반적으로 콘텐츠는 전자정보를 의미하는 단어 정도로 인식되었다. 그러다 영화와 드라마, 예능 등을 콘텐츠라고 부르고, 이를 감상하는 행태를 '소비'라고 받아들이게 되었는데, 그 결정적 계기는 글로벌 OTT의 확산에 있다고 여겨진다. 팬데믹 상황이 겹쳐지며 전 세계적으로 OTT 가입자가 폭발적으로 늘어났고, 이러한 새로운 미디어 환경에서 일종의 원산지 표기로서 'K'를 붙이게 되었다. 여기에 영화, 드라마, 소설, 만화, 예능 등 스토리를 기반으로 하는 영상물을 모두 포괄하는 단어로 콘텐츠를 사용하게 되면서 'K콘텐츠'는 일상적으로 쓰는

단어가 되었다.

영화와 드라마는 감상의 대상이지만 콘텐츠는 소비의 대상이다. 어마어마하게 많은 물량이 쏟아져 나오고 관객/시청자는 대략 훑어보고 다음 소비를 위해 건너뛴다. 매일 새로운 것이 쏟아져 나오는 콘텐츠의 홍수 시대에도 어떤 일정한 경향이 있고, 거기에는 동시대를 사는 사람들의 멘탈리티가 고스란히 반영된다. 저자들은 여기에 주목했고, 세계인들이 좋아하는 K콘텐츠의 비결을 알고 싶었다.

K콘텐츠는 현재 생산의 경계가 허물어지며 한국 인력과 자본이 참여하지 않아도 K콘텐츠로 수용된다. 가령, 〈파친코〉와 〈미나리〉는 한국 배우가 참여하고, 한국 역사와 상황을 기반으로 한국적 문화정체성이 반영된 작품이지만, 자본, 제작, 유통은 한국산업과 관련이 없이 외국에서 이루어졌다. 이러한 작품들을 K콘텐츠에 포함할 것인가는 찬반을 가르는 문제이지만, 분명한 것은 해외 글로벌 기업이 한국의 문화코드를 상업적 성공을 위한 소재로 활용하는 일이 점차 가속화되고 있다는 것이다.

글을 쓰는 과정에서 K콘텐츠의 범위를 어디까지 놓을 것인가에 대해 많은 고민이 있었다. 그러다 한국적 문화정체성을 내세우는 콘텐츠를 모두 아우르기로 했다. 국내 산업의 산물이든 외국 산업의 산물이든 간에 K콘텐츠는 많은 세계인에게 한국적 문화를 전파하고 있기 때문이다. 이처럼 K콘텐츠는 교섭하고 융합되며 협상하면서 진화, 발전하는 기호이다.

우리는 K콘텐츠를 이해하기 위해 10개의 키워드를 정하고, 이를 다시 공간, 인물, 장르 등 세 개의 상위 범주로 배치했다. 공간에는 로컬 공간, 닫힌 공간, 부자와 빈자의 공간이, 인물에는 가족, 여성, 젊은이가, 장르에는 신파와 휴먼 드라마, 시대극과 타임 워프, 웹툰이 포함된다. 각 키워드를 간단하게 설명하면 다음과 같다.

1. 로컬 공간: 공간의 물질성과 환상성

공간의 로컬리티는 한국적 색깔을 만들어내는 중요한 요소이다. 지역마다 다른 풍경과 삶의 양태는 핵심 스토리와 어우러져 작품의 분위기를 결정한다. 최근 몇 년간 글로벌 OTT와 해외 영화제에서 주목받은 드라마와 영화들은 한국적 공간 로컬리티가 잘 부각되어 있다. 분단국가인 한국에만 존재하는 DMZ, 메가시티 서울, 한국 고등학교는 K콘텐츠의 주요 공간이다.

2. 닫힌 공간: 문제적 사회에서 살아남는 법

'닫힌 공간'이라는 소재와 주제를 다룬 작품들의 주인공이 대부분 소녀와 소년, 청년이라는 점에 주목했다. 〈D.P.〉, 〈#살아있다〉, 〈스위트홈〉, 〈지금 우리 학교는〉을 보면서 젊은이들에게 한국 사회가 어쩌면 폐쇄되고 억압적인 곳일지도 모른다는 질문을 던져 보았다. 어두운 현실과 맞닥뜨리지 않을까 생각했는데, 막상 드라마 속의 청년들에게서 예상 밖의 모습을 보게 된다.

3. 인공섬과 시골: 모두가 판타지 공간에서 산다

자본주의가 진화할수록 양극화가 점점 더 심화되듯이, 영화와 드라마에서는 부자의 공간과 빈자의 공간이 극명하게 나뉜다. 〈기생충〉이 부자와 빈자의 삶의 양태를 넓은 3층 빌라와 반지하방으로 시각적으로 분리하여 보여준 것처럼 최근 K콘텐츠에서 부자와 빈자가 거처하는 곳은 완전히 다르게 나타난다. 그것을 부자의 인공섬과 빈자의 시골이라고 놓고 분석한다. 사치스럽게 치장된 부자의 공간은 콘텐츠 안에서만 나타나는 비현실적 공간이며, 지금은 없다고 봐야 할 평화로운 고향마을 역시도 알 수 없는 판타지이다.

4. 가족: 가족이라는 덫과 여명

모든 것의 시작에는 '가족'이 있었다. 〈오징어 게임〉부터 시작된 K콘텐츠의 유행에는 가족이라는 코드가 단단히 자리 잡고 있다. 눈물 콧물 짜는 신파 스타일의 가족애가 우리에겐 진부하지만 글로벌 시청자에게는 신선한 정서다. 특히 주인공들이 엄마, 아내, 딸과 맺는 정서적 유대와 죄책감은 최근 K콘텐츠에 단골 소재로 등장한다. 엄마, 아이, 아버지 혹은 남편이라는 카테고리로 K콘텐츠 속 가족관계와 정서를 파악한다.

5. 여성: 싸움판에 선 여자들 참지 않고 죽지 않지

참고 인내하며 처분을 기다리는 여성은 거의 없다. 이는 콘텐츠 수용자의 성취다. 이제 콘텐츠에서 여성은 싸우며 악하고 강력하다. 오랫동안 수동적인 캐릭터에 머물던 여성이 최근 전방위적으로 미디어에서 다른 모습으로 다뤄진다. 예능에서, K팝에서, 드라마와 영화에서 무시무시한 여성들의 싸움판이 벌어지고 있음을 분석하며 여성의 폭발하는 에너지가 향하는 곳을 본다.

6. 젊은이: 성난 얼굴을 한 청소년과 청년

MZ세대 담론은 팬데믹과 정치의 계절을 지나면서 풍부해졌다. 디지털 네이티브로서 소비자의 위치에 머물지 않고 생산자로서 강력한 목소리를 내는 젊은 세대들의 현재를 보며 K콘텐츠가 이들을 어떻게 재현하고, 이들의 의견을 어떻게 청취하고 있는지 살펴본다. 젊은이의 욕망이 K콘텐츠 서사에 투영되는 것을 통해 미래를 상상한다.

7. 장르, 하나: 신파와 익스트림 사이에서

'장르, 하나'에서는 한국 드라마가 세계에서 주도적인 위치에 오르게 된 과정을 먼저 살펴보고, 그중 제일 주도적인 장르라 할 신파와 익스트림 드라마에 접근한다. 〈미나리〉, 〈정이〉 등의 드라마가 여타 장르와 결합하는 과정에서 이룩한 성취를 통해, 흔히 부정적으로 평가받는 신파의 또 다른 얼굴을 발견한다. 복수극을 대표하는 〈더 글로리〉에서는 드라마가 극단적인 설정에 집착하는 까닭과, 그것의 매력에 빠진 우리의 얼굴을 되돌아본다.

8. 장르, 둘: 삶의 크기는 밝은 만큼 정해진다.

'장르, 하나'가 어두운 쪽에 대한 글이라면 '장르, 둘'은 밝은 쪽을 대한다. '장르, 하나' 챕터의 〈더 글로리〉에서 다뤘던 사회적 갈등 구조에 다르게 접근한 두 작품, 〈재벌집 막내아들〉과 〈이상한 변호사 우영우〉의 성취를 읽어본다. 〈재벌집 막내아들〉이 원작과 다른 엔딩으로 인해 많은 비판을 받은 것과 반대로 드라마의 전개를 옹호하는 태도를 취했다. 단순한 복수극에서 벗어난 다른 길을 평가하며 따라가는 한편, 〈이상한 변호사 우영우〉에서는 주변 삶의 반경에서 우리의 친구처럼 활동하는 슈퍼 히어로로서 우영우를 만난다.

9. 시간 작동: 역사허구물과 타임 워프

시간 작동은 크게 두 가지 유형으로 구분하였다. 조선 혹은 식민지 조선을 배경으로 한 〈킹덤〉, 〈미스터 션샤인〉, 〈파친코〉 같은 작품은 사극, 시대극, 팩션을 아우르는 역사허구물로 K콘텐츠만의 고유한 색채가 돋보인다. 1970~90년대 한국 사회를 소환하는 작품도 많은데 거기에는 추억과 반성이 어우러진 레트로 정서가 반영된다. 장르적으로는 〈재벌집 막내아들〉, 〈스물다섯 스물하나〉 같은 작품이 타임 워프의 성격을 띠고 과거를 회상한다.

10. 웹툰: 유혹, 혹은 미래

불과 10년 전까지 영상과의 실패한 만남 정도로 여겨지던 웹툰이 어느덧 영상문화와 관련해 대세로 떠올랐다. 이를 이야기적인 측면이 아닌 운명적이고 매커니즘적인 측면에서 파악한다. 이어 밑그림에서 진일보한 주체로서 웹툰의 미래를 예측해 본다. 그리고 웹소설, 드라마, 웹툰의 길을 차례로 밟은 〈재벌집 막내아들〉을 각각 다른 관점 아래 평가한다.

　부록에는 현재 K콘텐츠 생산의 최전선에 서있는 두 전문가와의 인터뷰를 수록하였다. 〈D.P.〉, 〈지옥〉, 〈콘크리트 유토피아〉 등 화제의 K콘텐츠 제작자인 클라이맥스 스튜디오 변승민 대표, 〈킬힐〉, 〈트롤리〉 등 감각적이고 세련된 영상미가 돋보이는 드라마를 촬영한 최순정 촬영감독이다. 심층 인터뷰를 통해 K콘텐츠의 동력과 비결을 엿볼 수 있었다. 작품에 대한 이해와 애정이 남달랐던 변승민 대표는 자신만의 확고한 글로벌 비전을 가지고 K콘텐츠를 이끄는 제작자였다. 최순정 촬영감독은 영화와 드라마를 오가는 이력을 바탕으로 기존의 관습에 얽매이지 않는 자신만의 스타일을 구축하고 있다는 인상을 받았다. 생생한 현장의 이야기를 솔직하게 들려준 두 분에게 감사드린다. 정리를 도와준 성결대 영화영상학과의 김지현, 홍승기, 박슬희 학생에게도 고마움을 전한다.

　K는 고정될 수 없다. 문화는 흐르면서 합쳐지고 성숙되는 과정을 거친다. K콘텐츠를 보면서 한국인들이 성취한 민주주의를 롤모델로 삼는 아시아, 남미, 아프리카 대륙의 젊은 수용자들이 자국 민주주의를 촉구하는 행동에서 K팝을 부르고 군무를 추며 K팝 팬 사이트를 민주주의 발언

대로 활용한다는 뉴스를 접하였다. 이러한 고마운 소식을 접하며 우리는 더 큰 책임감을 느끼게 된다. 해외 소수자 그룹이 K콘텐츠를 보며 위안을 받는다는 고백은 자랑스러움에 더해 부담감을 가지게 한다.

우리 내부에서 우리 문화에 대한 이해가 더 성숙해져야 할 때이다. K콘텐츠를 통해 한국은 문화가 매력적인 국가로 세계인에게 인상을 남겼다면, 이제는 'K'를 넘어서는 과정으로 돌입하고 있다. 콘텐츠는 빠르게 지나가고 방대한 양이 축적되는 가운데 다음 과제는 'K' 안에 무엇을 담을 것인가이다. 글로벌 수용자들을 품는 문화적 다양성과 개방성이 그 답일 것이다. 보편적 문화를 품는 큰 그릇으로 확장해갈 다음 단계의 K콘텐츠를 즐겁게 상상한다.

2023년 7월 저자 일동

Ⅱ 인물

Ⅲ 장르

Ⅳ 부록

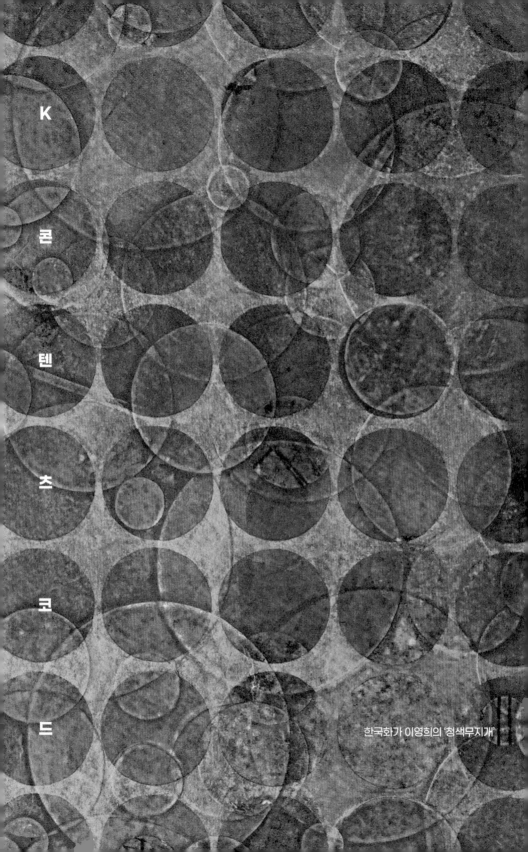

K
콘
텐
츠
코
드

한국화가 이영희의 '청색무지개'

공간

I

1

로컬 공간
: 공간의 물질성과 환상성

이현경

뉴욕, 파리, 로마를 배경으로 한 영화나 드라마를 본 관객은 내용뿐 아니라 공간이 주는 인상을 오래도록 간직하곤 한다. 때론 스토리는 가물가물하지만 아름답거나 강렬한 느낌의 공간만은 또렷하게 기억나기도 한다. K콘텐츠를 차별화 시켜주는 핵심적 요소 중 하나는 한국적 '로컬리티'이다. 로컬리티는 특정 지역과 그곳에 사는 사람들의 시공간적 경험을 포괄하는 개념이지만, 여기서는 공간에 한정지어 언급하고자 한다. 코로나19가 엔데믹으로 전환된 후 해외여행 붐이 일고 있다. 한국에도 많은 관광객이 찾아오고 있는데 그들 중 상당수가 K콘텐츠의 매력에 빠져 한국 방문을 결심했다고 한다. 영화나 드라마 촬영장소를 방문하는 일정을 짜서 한국에 온 관광객 일행을 실제 만나 본 적이 있다. 미국 여러 지역에 거주하는 이들은 지인들끼리 의기투합하여 여행 일정을 짰다고 한다. 공유를 비롯해 한국 남자배우들을 좋아한다며 핸드폰에 저장된 사진을 보여주는 중년의 미국 아주머니 모습이 신기했다. 2000년대 초반부터 〈겨울연가〉(KBS 2TV 드라마, 2002), 〈천국의 계단〉(SBS 드라마, 2003~2004) 등 한국 드라마가 일본에서 크게 인기를 끌자 일본 중년 여성들이 단체로 드라마 촬영지를 방문하는 현상이 있었다. 이후 중국 등에서 한류 유행이 일었지만 아시아에 국한된 현상으로 보였는데, 최근 몇 년 사이 한류는 글로벌한 트렌드로 자리 잡게 되었다.

공간의 로컬리티는 한국적 색깔을 만들어내는 중요한 요소이다. 지역마다 다른 풍경과 삶의 양태는 핵심 스토리와 어울려져 작품의 분위기를 결정한다. 최근 몇 년간 글로벌 OTT와 해외 영화제에서 주목받은 드라마와 영화들은 한국의 공간적 로컬리티가 잘 부각되어 있다. 그 중에서 유일한 분단국가인 한국에만 존재하는 DMZ, 세계적인 메가시티 서울은 K콘텐츠를 한 눈에 식별하게 만들어 주는 공간이다. 〈D.P〉(넷플릭스 시리즈, 2021), 〈사랑의 불시착〉(tvN 드라마, 2019~2020), 〈종이의 집 : 공동경제구역〉(넷플릭스 시리즈, 2022)은 분단이라는 상황에서만 가능한 서사들이다. 〈스위트홈〉(넷플릭스 시리즈, 2020)이나 〈지옥〉(넷플릭스 시리즈, 2021) 같은 크리처물은 서울을 지옥의 공간으로 묘사한다. 한국의 고등학교 역시 K드라마의 단골 공간이다. 고등학교는 〈상속자들〉(SBS 드라마, 2013) 같은 로맨틱 코미디, 〈인간 수업〉(넷플릭스 시리즈, 2020), 〈더 글로리〉(넷플릭스 시리즈, 2022~2023) 같은 범죄물, 〈지금 우리 학교는〉(넷플릭스 시리즈, 2022) 같은 좀비물 등 다양한 장르의 배경으로 등장한다.

이에 비해 〈오징어 게임〉(넷플릭스 시리즈, 2021), 〈헤어질 결심〉(박찬욱, 2022)에 등장하는 서해안의 무인도 혹은 이포라는 가상의 공간은 생사의 갈림길을 넘나드는 환상성을 부여하기에 적합하다. 흔히 볼 수 있는 한국적 풍경으로 재현되지만 현실 지리로 존재하지 않는 가상공간은 스릴이든 치정이든 이야기의 극적 효과를 최대치로 끌어 올리는 역할을 한다. 〈갯마을 차차차〉(tvN 드라마, 2021), 〈우리들의 블루스〉(tvN 드라마, 2022), 〈나의 해방일지〉(JTBC 드라마, 2022) 등은 소박하고 끈끈한 인정을 담아낸 작품들로 이들 드라마에서 공간이 차지하는 비중이 매우 컸다. 가상의 바닷가 마을 '공진'(〈갯마을 차차차〉), 제주(〈우리들의 블루스〉), 경기도 변두리 마을(〈나의 해방일지〉)은 주인공들의 상처를 치유하고 삶을 응원하는 공간들이다. 친숙한 배경이지만 그 따뜻함 때문에 오히려 판타지 공간으로 느껴지기도 한다. '잔혹'과 '휴먼'이라는 양극단에 놓은 〈오징어 게임〉과 〈갯마을 차차차〉가 아이러니하게도 공간의 환상성을 공유하고 있다는 건 둘 다 현실의 스펙트럼에서 벗어나 있기 때문일 것이다.

분단을 사유하는 공간, DMZ

K콘텐츠의 다양한 소재 중에서도 '분단'은 명실상부 한국만의 고유한

성격을 드러내며, DMZ(Demilitarized Zone, 비무장지대)는 분단 현실을

보여주는 지정학적 공간이다. DMZ는 동서길이 248km이며, 군사분계선을 중심으로 남쪽 2km 지점을 남방한계선, 북쪽 2km 지점을 북방한계선으로 한다. 세월이 흘러 현재는 희귀 동식물 서식지가 되었지만 여전히 상처와 갈등의 불씨가 내장된 공간이다.

〈D.P.〉(2021)는 군대 이야기를 다룬 드라마로, 〈공동경비구역 JSA〉(박찬욱, 2000), 〈용서받지 못한 자〉(윤종빈 2005), 〈GP 506〉(공수창, 2008), 〈폭력의 씨앗〉(임태규, 2017) 등의 군대 영화 계보를 잇고 있다. D.P.는 탈영병을 잡는 체포조를 말한다. 'D.P.조' 한 팀이 된 안준호 이병(정해인)과 한호열 상병(구교환)이 탈영병을 쫓는 총 6개의 에피소드는 각각 다른 탈영병의 사연을 담고 있다. 에피소드마다 완결되는 구조를 갖고 있지만 조석봉(조현철)은 이야기 전체의 구심점이 되는 인물이다.

웹툰 작가를 꿈꾸는 석봉은 화를 낼 줄 모르는 순한 성격을 갖고 있어 입대 초기부터 괴롭힘을 당한다. 특히 황 병장의 가혹행위는 점차 심해져 마침내 성희롱에 이르게 된다. 석봉이 과거 차세대 유도 유망주였다는 사실은 그가 힘이 없어서 가혹행위를 당한 건 아니라는 걸 알려준다. 군대라는 조직은 석봉으로 하여금 폭력에 무기력해지도록 만들었던 것이다. 1화에서 4화까지 4명의 탈영병 사연이 그려지는 동안 석봉의 분노는 점차 누적되고 마침내 4화 마지막에 석봉의 탈영 소식이 들려온다. 석봉은 전역한 황 병장을 찾아가 그를 죽이려 하지만 석봉은 길들여진 폭력의 기억이 되살아나서 다시 그에게 제압당한 후 공포에 휩싸인다. 첫 번째 시도는 실패했지만 결국 석봉은 황 병장을 납치해서 자신에게 가장 익숙한 공간으로 데려간다. 그곳은 군 생활 내내 지나다녔던 폐쇄된 땅굴이었다.

<D.P.>

    1980년대까지는 땅굴이 발견되었다는 뉴스가 종종 나오곤 했다. 북한이 침투를 위해 파놓았다는 땅굴은 판문점과 함께 한반도가 휴전 상태임을 알려주는 상징적 존재다. 하지만 ICBM, SLBM 같은 미사일 관련 소식이 연일 들려오는 현재 땅굴은 아무도 신경 쓰지 않는 구시대 유물 같은 느낌이 든다. 그러나 〈D.P.〉에서 땅굴은 생사가 오가는 공간으로 부활한다. 석봉이 황 병장을 땅굴로 납치해 죽이려 한다는 사실을 알게 된 헌병대장은 부대원들에게 실탄을 지급하고 직접 현장에 출동한다. 벼랑 끝에 몰린 석봉은 황 병장이 아닌 자신의 머리에 총을 쏘아 비극적인 결말을 짓는다. 석봉을 그토록 괴롭혔던 황 병장이지만 막상 사회로 돌아

간 그의 모습은 사장에게 욕을 먹는 편의점 알바생에 불과했다. 어쩌면 그의 폭력성과 잔혹함 역시 군대라는 폐쇄적 사회가 조장한 결과물일 수도 있다.

탈영병을 쫓는 〈D.P.〉에는 전국 방방곡곡의 풍경이 담기고 21세기 대한민국을 살아가는 20대 청년들의 고달픈 현실이 반영되어 있다. 준호와 호열은 강남, 인천, 부산 등 여러 지역에 흩어진 탈영병을 체포하면서 그들의 속사정을 들여다본다. 부유하지만 권위적인 아버지 때문에 괴로워하는 아들, 홀로 남은 할머니를 돌보기 위해 탈영한 손자 등의 사연은 지금 여기 20대 청년들의 초상화가 된다. 스페인 드라마를 리메이크 한 〈종이의 집 : 공동경제구역〉은 2026년 통일을 앞둔 한반도를 배경으로 한 가상 역사 스릴러물이다. 공동경비구역 안에 마련된 통일 한국의 조폐국이 업무를 개시하기 직전 돈을 탈취하려는 8명의 범죄 조직원 사이에 벌어지는 사건들을 다루고 있다. 남한 병사들이 군사 분계선을 넘은 대가로 비극적 총격사건이 벌어졌던 〈공동경비구역 JSA〉 이후 20년 만에 제작된 드라마 〈사랑의 불시착〉의 여주인공(손예진)은 비록 사고였지만 패러글라이딩을 타고 가볍게 군사 분계선을 넘어버린다. 〈D.P.〉, 〈종이의 집 : 공동경제구역〉, 〈사랑의 불시착〉은 DMZ를 냉전 시대의 산물인 땅굴과 미래의 조폐국이 공존하는 공간이자 바람을 타고 넘나들 수도 있는 그리 넓지 않은 지역으로 그리고 있다. 이러한 K콘텐츠들은 분단의 과거와 미래를 사유하는 한국 사회의 시각이 복잡한 스펙트럼 안에 뒤엉켜 있다는 사실을 확인시켜 준다.

<지금 우리 학교는>

서바이벌 게임 공간, 학교

　넷플릭스 시리즈 〈지금 우리 학교는(이하 지우학)〉은 한국형 좀비물로 송출되자마자 글로벌 1위에 올랐다. 할리우드에 비해 한국의 좀비물은 매우 늦게 출발한 장르다. 독립영화로 간간이 제작되었지만 본격적인 블록버스터는 〈부산행〉(연상호, 2016)부터라고 볼 수 있다. 이후 넷플릭스 시리즈 〈킹덤〉 시즌1(2019), 시즌2(2020)가 세계적인 흥행 기록을 세웠다. 〈지금 우리 학교는〉이나 〈킹덤〉의 공통점은 배경이 지극히 한국적이라는 것이다. 두 작품이 1970년대부터 좀비 영화의 관습을 차곡차곡 쌓아온 할리우드를 따라잡을 수 있었던 동력 중 하나는 한국적 공간의 신선한 활용이라 할 수 있다. 한복, 궁궐, 조선시대의 무기들 같은 〈킹덤〉의 비주얼은 K콘텐츠만의 특화된 것일 수밖에 없다. 〈지우학〉의 경우는 효산고로 설정된 전형적인 한국 고등학교 공간 구석구석을 절묘하게 플롯 구성요소로 녹여 내고 있다.

일반 교실은 물론 교장실, 보건실, 미술실, 화학실, 급식실, 조리실, 음악실, 녹음실, 양궁부 연습실, 테니스장, 영어생활관 등 일반적으로 고등학교 안에 있는 다양한 용도의 교실, 체육관, 실외 코트, 옥상 등이 스토리 전개를 위해 알뜰하게 쓰이고 있다. 학교 울타리 안에는 수많은 구획된 공간들이 있고, 학교 후문에는 '외부인 출입금지'라는 푯말이 붙어 있고, "임대아파트 학생들 넘어 다니지 마시오."라는 문구도 적혀 있다. 이는 실제 사회적 이슈가 되었던 현실을 반영하고 있으며, 학생들은 서로 살고 있는 아파트에 따라 사회처럼 계층화 된 것처럼 보인다. 아이들은 임대아파트에 사는 친구를 "거지새끼"라고 비하하고 기초생활수급자 친구를 '기생수'라고 조롱한다. 〈지우학〉의 한국적 특수성과 구체성은 학원 좀비물로서 차별화를 완성했고 이런 점이 글로벌 흥행에 도움이 되었다고 볼 수 있다.

학원물이기도 한 〈지우학〉에는 풋풋한 짝사랑과 폭력이 공존한다. 좀비 바이러스가 퍼지기 전 주인공 남온조(박시후)는 "사귀자"는 의미로 자신의 이름표를 짝사랑하는 남학생에게 건네준다. 아이들은 마치 서바이벌 게임을 하듯 학교 안의 지형지물을 이용해 좀비를 막고 도망치는 긴박한 와중에서도 호감을 갖고 있는 대상에 대한 지속적인 관심의 끈을 놓지 않는다. 학교가 좀비 소굴로 변하기 이전 장면들에서는 아이들이 떼거리로 모여 있는 모습을 자주 보여준다. 학교 앞 횡단보도에서 일제히 뛰는 아이들, 종소리와 함께 우르르 교실에서 몰려나오는 아이들, 복도와 통로를 가득 메운 아이들, 급식실에 가득 찬 아이들. 집단화 되어 있는 아이들이 좀비로 변했을 때 기괴함과 폭력성이 극대화 될 거라는 것을 암시하는 장면들이다.

〈지우학〉에서 학교는 사회의 축소판이다. 엄마가 발전기금을 내서 반장이 된 아이, 화장실에서 혼자 출산을 하는 아이, 심지어 자살을 시도하려는 아이도 있다. "여기는 지옥이야." 어떤 학생에게 학교는 지옥이다. 좀비 사태의 시발은 과학교사의 실험 때문인데 그는 이유 없이 좀비로 변한 아들을 위해 학교에서 몰래 쥐 실험을 하고 있는 중이었다. 그러다 한 여학생이 쥐에게 물리면서 바이러스가 온 학교 퍼지는 사달이 난 것이다. 효산고 학생인 과학교사의 아들은 왕따를 당해 등교를 하지 않고 있던 차에 알 수 없는 경로로 좀비 바이러스에 감염되었다. 그러니까 처음부터 원인을 따져보자면, 왕따가 참극의 첫 번째 실마리라고 할 수 있다. 왕따와 학폭을 소재로 가장 화제가 된 작품은 넷플릭스 시리즈 〈더 글로리〉 파트1(2022), 파트2(2023)이다.

<더 글로리>

〈더 글로리〉에서 고등학교는 끔찍한 폭행의 현장이고 교사는 학생을
보호하지 않는다. 문동은(송혜교)은 이유도 없이 박연진(임지연) 무리에
게 지목되어 괴롭힘을 당한다. 고데기로 몸을 지지고, 옷을 벗기고 성추
행을 하는 등 이들의 악행은 점차 강도가 심해져 간다. 담임선생님도 경
찰도 동은의 방패막이가 되어 줄 어른은 한 명도 없다. 연진 무리는 텅
빈 체육관을 아지트처럼 이용한다. 교사도 아이들도 훤한 대낮에 넓은
공간에서 공공연하게 자행되는 폭력을 모른 척하고 눈감는다. 유일하게
동은의 편에 서려했던 양호교사는 학교에서 쫓겨난다. 〈가면의 여왕〉(채
널A 드라마, 2023)은 학교가 가장 악질적인 장소로 설정된 예일 것이다.
아이들의 집이자 학교인 보육원 지하에 비밀 클럽이 존재하고, 그곳은
마약과 성매매가 난무하는 돈과 권력을 가진 어른들을 위한 환락의 공간

이다. 초등학생 아이들이 메이드 옷을 입고 서빙을 하고 여고생은 주기적으로 어른들에게 성상납을 하는 막장 스토리의 끝판왕이다. 이처럼 K콘텐츠가 그리는 학교가 어둡고 추악한 모습 일색인 까닭은 한국 사회가 학교를 바라보며 느끼는 우려와 어두운 전망이 투사된 것이라 추측할 수 있다. 좀비가 출현하고 학교 폭력이 자행되고 비밀 클럽이 운영되는 서사의 본질에는 한국 교육제도의 파행과 착종이 돌이키기 어려운 지경에 이른 게 아닐까 하는 무의식적 공포가 작동하고 있다.

심판을 상상하는 공간, 서울과 이포 그리고 서해 무인도

한국에서는 흔치 않았던 크리처물 〈스위트홈〉은 K드라마 흥행에 포문을 연 작품이고, 〈오징어 게임〉은 K드라마의 정점을 찍은 작품이라 할 수 있다. 아마도 이 글을 쓰는 현재까지 BTS와 함께 세계에서 가장 유명한 한국 대중문화상품은 〈오징어 게임〉일 것이다. 〈스위트홈〉은 드라마 안에서 지역이 특정되지는 않았지만 재개발을 앞둔 서울 외곽의 아파트 안에서 벌어지는 사건을 다룬다. 입주민 중에 "내가 강남에 살 때" 이런 말을 하는 여성이 있는 것으로 보아 강남과는 대비되는 동네로 생각된다. 〈스위트홈〉은 가족을 잃고 홀로 남은 현수(송강)가 그린홈 아파트로 이사하면서 1화가 시작된다. 학교 폭력을 겪은 후 정신적 외상을 입어 게임 오타쿠가 되어 버린 현수는 교통사고로 부모님을 한꺼번에 잃었지만 슬픔을 느끼지 않는다. 그는 달랑 3천만 원을 남기고 간 부모님을 원망한다. 현수가 이렇게 변한 건 학교 폭력을 호소하는 자신의 편이 되어 보호해 주지 않았던 부모님에 대한 배신감과 분노가 크게 작용했다.

그린홈 아파트 입주민은 나이도 직업도 이력도 다른 다양한 인간 군상의 집합체이다. 썩은 생선을 경비에게 선물로 주는 사모님, 죽은 아이 유모차를 끌고 다니며 아이 자랑을 하는 젊은 엄마는 이상한 축에 드는 인물이고 정체를 알 수 없는 건달이나 과도하게 선해 보이는 전도사는 미스터리한 인물에 속한다. 가장 멀쩡해 보이는 서인영(이시영), 이은혁(이도현)은 아파트 밖에 포진한 괴생물체와 싸우는 전략을 짜고 입주민들을 통솔하는 리더 역할을 한다. 곧 무너질 것 같은 아파트에 사는 이들은 무언가 사연이 있어 이곳까지 밀려온 것으로 보인다. '스위트홈'이라는 제목과 반대로 이들은 서울에 스위트홈을 꾸리기 어려워 보인다.

서울을 배경으로 지옥도를 그려낸 〈지옥〉은 사이비 종교를 소재로 한 색다른 판타지 드라마이다. 신흥 종교 새진리회는 천사가 죽음을 예언하면 정해진 일시에 지옥사자가 나타나 끔찍한 고통을 주며 생명을 거둬간다는 교리를 전파하고 있다. 새진리회 정진수(유아인) 회장은 천주교 재단에서 운영하는 보육원 출신으로 진리를 얻기 위해 세계를 전전하다 티베트에서 지옥사자를 목격한 다음 신을 의도를 깨달았다고 한다. 죽음을 예고 받은 사람들은 현실 세계에서 범죄를 저질렀지만 법망을 피해 있는 자들이다. 마약 제조, 강절도, 특수 강간, 방화, 살인 그들은 이런 범죄에

연루되어 있다. 현실에서 처벌하지 못하는 죄인을 신이 응징한다는 것이다. 빠른 속도로 교세가 불어 전 세계의 반이 신도가 된 상태다. 거대한 괴물 형상의 지옥사자가 한낮 대로에 나타나 지옥에서 겪을 고통을 시연하는 모습이 유튜브나 휴대폰 영상을 통해 순식간에 공유된다.

〈지옥〉에는 서울의 삶이 파노라마처럼 펼쳐진다. 온갖 범죄가 횡행하고 소셜미디어가 범람하는 시끄럽고 복잡한 도시 서울에서 사람들은 일이나 돈에 쫓겨 정신없이 살고 있다. 서울이라는 공간 자체가 지옥처럼 보인다. 〈지옥〉은 지옥의 고통을 시연하는 CG 비주얼이 가장 눈에 띄는 드라마이다. 〈지옥〉은 사이비 종교의 행태를 고발하는 성격을 갖고 있기도 하다. 새진리회는 회개와 구원을 외치면서 끊임없이 사업 모델을 개발한다. 전시장을 오픈하여 성지화 하고 앱을 만들어 보급하기도 한다. 서울이 세계적인 사이비 종교의 성지가 된다는 발상이 흥미롭다. 서울의 구석구석 풍경을 사실적으로 담아내고 있음에도 불구하고 이 드라마 속 서울은 익숙하면서도 낯선 얼굴로 다가온다. 서울이라는 화려한 메가시티의 이면이 가림막이나 보정 장치 없이 드러났기 때문이라는 생각이 든다.

〈지옥〉이 서울이라는 현실의 공간을 비현실적인 공간으로 탈색 시켰다면, 〈헤어질 결심〉은 이포라는 가상의 공간을 실재의 공간으로 신비화한다. 〈헤어질 결심〉의 전반부는 부산이 배경이다. 부산 경찰서에 근무하는 형사 해준(박해일)은 살인사건을 수사하는 중에 신비한 여인 서래(탕웨이)를 만나고 혼란에 빠진다. 서래는 그가 그동안 살아왔던 삶의 원칙과 방식을 흔드는 위험한 존재였기 때문이다. 정신적 '붕괴'를 경험한 해준은 도망치듯 아내가 근무하는 이포로 떠나왔고, 해준을 따라 이포로 온 서래는 자신의 몸을 모래 구덩이 파묻는 육체적 '붕괴'를 감행한다. 영혼과 육체를 붕괴시키는 치명적 사랑은 현실에 존재하는 어떤 공간도 담아내기 어려울 수 있다. 그런 점에서 원자력 발전소가 있고 안개가 자주 끼는 이포는 언어의 밖에 존재하는 실재의 공간이다.

〈오징어 게임〉도 〈헤어질 결심〉과 비슷하게 등장인물들이 생활하는 공간은 현실적이고 구체적이지만, 서바이벌 게임이 펼쳐지는 무인도는 가상의 공간으로 설정된다. 가령, 주인공 기훈(이정재)이 게임 참가 제안을 받는 서울 지하철 역사 안이라든지 사채업자에게 쫓기는 경마장, 엄마가 좌판을 벌인 노점 같은 장소는 지명까지 제시되는 사실적인 공간

<오징어 게임>

이다. 이와 달리 서바이벌 게임 참가자들은 눈을 가린 채 게임장까지 이동한 탓에 자신들이 있는 곳이 어디인지 전혀 알지 못한다. 서해안 무인도 지하에 만들어진 거대한 세트는 현실과 완전히 괴리된 판타지 공간이다. 아름답고 즐거운 환상이 아니라 괴기스럽고 잔인한 살육이 벌어지는 공포의 환상. 456명의 참가자가 6일 동안 6개의 게임을 하고 최후의 승리자 1인이 모든 상금을 갖게 되는 승자독식 방식이 왠지 익숙하다. 어린 시절 아이들이 했던 설탕 뽑기, 구슬치기 같은 유치한 게임을 해서 죽고 사는 것이 결정된다는 것이 아이러니하다. <오징어 게임>은 투기를 부추기고 그로 인해 사람이 죽는 현실을 농축하고 희화화 한 드라마이다. 현실적 공간에서의 피폐한 삶이 겉감이라면 게임으로 은유된 무인도 속 공간은 핏빛으로 물든 채 숨겨진 삶의 안감이다.

2

닫힌 공간
: 문제적 사회에서 살아남는 법

이용철

한국은 폐쇄 사회인가

　한국의 근대성을 논할 때 논점 중 하나는 시기다. 과연 어느 시점을 근대성의 지점으로 보아야 하는가. 그렇다면 질문해 보자. 홀쩍 뛰어넘어 1980년대라면 어떤가? 당신은 그 시기를 근대라고 생각하는가. 아니면 현대라고 생각하는가. 명확한 사실은 1980년대가 시작할 때까지 한국은 해외여행이 자유로운 국가가 아니었다는 점이다. 21세기에 태어난 한국인이라면

'북한도 아니고, 과연 그게 사실일까?'라고 생각할지도 모른다. 사실이다. 1980년대 초반에는 해외여행 자유화가 대단한 화두였으며, 외국 유학을 자유롭게 갈 수 있다는 걸 주제로 TV에서 토론과 대화가 오갔다. 그렇게 따지고 보면 한국 사회는 참으로 오랫동안 폐쇄된 곳이었던 게 맞다. 그렇다면 현대를 산다고 생각되는 지금은 어떠한가. 사실 이 질문은 좀 이상하다. 왜냐면 이 책을 쓰게 된 계기가, 한국 드라마와 콘텐츠가 해외로 알려지는 걸 넘어 어느 정도 장악한다는 판단에서부터인데, 한국 사회가 폐쇄된 곳이냐고 묻는다는 건 그 전제를 부정하는 것처럼 비치기 때문이다.

그러함에도 위의 질문을 재확인하는 건, 여기서 다루고자 하는 작품 중의 다수가 '폐쇄'라는 주제 아래 이야기되고 있어서다. 그것이 은유이든, 아니면 사실을 그대로 전하는 것이든, 이야기를 쓰고 제작하는 작가와 제작자와, 그 작품의 대상이자 주체인 젊은 세대는 자신이 억압되고 폐쇄된 공간과 사회에서 살고 있다고 생각한다, 여전히 말이다. 부모를 잘 만나거나 능력이 출중해서 세상을 무대로 활동하고, 그것도 아니면 세계를 유람하며 명품을 수집하는 형편이라면 또 모를까, 직장과 집과 미래를 하루하루 걱정하며 사는 젊은 세대에게 이 사회는 답답한 공간이다. 그러므로 이건 단순히 한반도라는 공간의 문제를 넘어 시스템 차원의 이슈인 셈이다. 시스템을 바꾸면 해결될 일이겠으나, 그 시스템만큼 공고한 게 없다. 〈지금 우리 학교는〉에서 사건의 발단을 만들어낸 과학 선생이 명백히 말한 것처럼 "이건 폭력의 시스템이다. 나처럼 아무것도 아닌 사람은 시스템을 못 바꾼다." 시스템 자체가 폭력인 곳에서 살아야 하는 청년들에게 한국 사회는 요지부동의 닫힌 공간으로 다가온다, 라고 한국 드라마는 힘주어 말한다.

〈D.P.〉, 시간의 감옥

육군 훈련소 내무반, 줄줄이 누운 병사 중 한 명의 목소리가 애처롭다. "아, 여기서 2년을 어떻게 더 써냐?" 그 말을 내뱉은 이는 주인공 준호(정해인) 옆에 누운 훈련병이며, 나는 이후 그를 다시 보지 못했다. 그와 같은, 얼마나 많은 병사들이 그런 한숨으로 내무반 천장을 보았을까. 그는 인간이 죽으면서 가장 많이 보는 게 천장이라는 소리를 씨불였다. 군대에서 보내는 시간은 죽음만큼 괴로운 그런 것이다. 〈D.P.〉(넷플릭스 시리즈, 2021)는 '대한민국 국민인 남성은 헌법과 이 법에서 정하는 바에 따라 병역의무를 성실히 수행해야 한다. 병역법 제3조.'라는 문구로 시작한다. 법으로 정해진 바에 따라 끌려왔을 뿐, 자발적으로 즐거이 입대한 사람은 몇 되지 않는다. 문구에서 '성실히 수행'이란 말이 무섭다. 죽음 같은 시간 속에서 '임무의 성실한 수행'에 실패한 병사는 병영 둘레로 처진 담장을 넘어 세상으로 도망친다. 〈D.P.〉는 그런 병사의 체포가 임무인 두 병사의 시선으로 진행되는 이야기다. 〈D.P.〉는 군대라는 공간 내의 폭력을 다루는 여타 영화나 드라마의 방식과 다른 지점을 건드린다. 이 드라마는 군대라는 공간 내의 폭력과 억압을 직접 보여주기도 하지

<D.P.>

만, 그것을 더 잘 보여주는 건 시선을 뒤집어놓을 때다. 주인공이 탈영병을 체포하는 임무를 맡았기에 당연한 일이겠으나, 우선 그 임무로 인해 군대라는 시간의 감옥을 되돌아보게 되고, 둘째 바깥 공간의 공기와 비교해 병영 내부의 갑갑함을 더 강렬하게 호흡하도록 만든다. 두 주인공이 맡은 임무는 그 자체로 탁월한 드라마적 선택이다.

군대는 공간과 함께 시간을 묶는 시스템이다. 군대가 다른 폐쇄적 공간과 차별화되는 이유는, 이 시스템이 시간의 감옥이라는 점에서다. 정해진 시간이 흐르다 끝나지 않는 한 절대 그 공간에서 벗어날 수 없다. 그리고 더 가혹한 것은, 그 시간이란 것이 한 인간의 삶과 성장에 있어 소중한 20대 초중반이라서다. 다시 돌아오지 않을, 보석보다 귀한 시간을 닫힌 공간에서 보낸다고 생각해 보라. 매 에피소드의 초입마다 제대일을 향한 카운트다운을 보여주는데, D-601, D-596, D-565 같은 기호가 공간의 폐쇄성보다 더 가슴을 건드린다. 계속해서 시간을 강조해 언급하는 것은, 그 시간의 흐름을 통과하지 못하고 탈영하거나 자살하는 병사가 존재하기 때문이다. 그들을 잡는 D.P.가 존재한다는 말은 탈영병이 계속 발생한다는 말이고, 탈영병이 계속 존재한다는 것은 군 시스템과 인간의 불화가 끊이지 않는다는 사실의 방증이다. 시스템의 수호자들은 탈영을 벌이는 병사가 비정상적인 인물일 거라고 단언하지만, 〈D.P.〉는 정상적인 인간이 비정상적인 억압에서 고통을 받은 끝에 선택하는 행동이지 않을까, 라고 반문한다.

〈D.P.〉의 오프닝 크레디트는 준호로 대표되는 한국의 청년이 태어나 자라는 과정을 압축해서 보여준다. 그 뒤, 그(들)는 군대에서의 시간을 보낸다. 일상 사이로 끔찍한 일이 벌어지는 시간. 코를 고는 병사에게 방독면을 씌워 잠을 못 자게 하고, 물을 집어넣어 숨을 못 쉬게 한다. 갑자기 휴학하고 입대한 병사는 무슨 이유인지 지독하게 돈에 목을 매던 끝에 탈영한다. 만화가가 꿈이던 착하디착한 병사가 분노로 폭발한다. 〈이상한 변호사 우영우〉(ENA 드라마, 2022)처럼, 〈D.P.〉의 시선이 꼭 사회적 약자나 선한 사람에게로 향하는 것만은 아니다. 사회에서 여자를 등치며 양아치로 살던 청년의 사정이라고 해서 외면하진 않는다. 21세기의 한국을 사는 청년에게 군대의 시간이라는 게 어떤 것인지 그리는 게 이 드라마의 진실이다. 그들은 왜 군대에서 아름다운 청춘의 빛을 연장하지 못하는 것일까. 군대 시스템은 왜 청춘의 시간을 멈추게 하는 것일까. 그리고 탈영병은 왜 극단적인 선택을 하는 것일까. 이러한 질문에 하나씩 대답하다 보면 기존의 군 관련 드라마나 예능 프로그램이 얼마나 가식적이고 표피적인지 느끼게 된다.

닫힌 공간인 병영 내에 존재하는 또 하나의 폐쇄 공간이 바로 영창이다. 탈영한 병사는 영창으로 끌려 들어가기 마련이다. 즉, 군대의 담장을 넘어 탈출하는 행위가 선행되어야 하며, 붙잡힌 뒤에는 그 대가로 이중의 폐쇄 공간 안에 다시 갇힌다. 〈D.P.〉는 부대 정문 앞에 그어진 노란색 빗금을 거듭해 응시하곤 한다. 그것은, 외출증 없이 그 선을 넘을 경우에 대한 일종의 경고다. 그 경고에도 불구하고 담장을 넘어서는 이유를 병사에게 묻는 대신, 〈D.P.〉는 이미 그들이 발을 디딘 세상을 전시하는 데 집중한다. 그럼으로써 남자들로 둘러싸인 공간의 공기가 얼마나 텁텁하고 메마른지 실감하게 된다. 바깥을 통해 안을 묘사하고, 그리고 다시 바깥을 되씹는 영리한 방식. 그러다 보니 남다른 풍경이 많이 나온다. 부산으로 탈영한 그곳 출신 병사를 잡으러 간 장면이 한 예다. 부산 특유의 산동네에 위치한, 따닥따닥 붙은 집들, 그래서 옥상에서 옥상으로 건너뛰는 게 가능한 그런 공간을 활용한 따라잡기 장면의 액션과 속도감이 압권이다. 준호가 호스트 흉내를 내느라 가발을 쓰고 뛰는 장면은 어지간한 코미디보다 재미있다. 5화의 아파트 추격전도 빼놓을 수 없다. 예전에 지은 아파트의 특성을 잘 이해하기에 가능했을 촬영은, 봉준호의 〈플란다스의 개〉(2000)에 나왔던 비슷한 장면에 예스러운 느낌이 나도록 만들어 버린다. 보기엔 재미가 넘치는 장면이지만, 준호가 왜 그렇게 사력을 다해 뛰는지 생각해 보면 가슴이 아린다.

첫 임무에서 자살하는 병사를 구하지 못했던 그는 그것이 트라우마로 남아 어떻게든 죽음으로부터 삶을 구하려고 애쓰는 인물로 화한다. 첫 시즌 마지막 화에서 선배 병사가 죽지 않게 하려고 자신을 내던지는 그의 모습은 드라마의 처음과 마지막을 연결하며 주제의 일관성을 또렷이 전달한다. 또한, 동정으로 이입하지 말라고 충고하던 선임(구교환)이 정작 탈영병을 풀어주는 장면에서 이 드라마의 선의는 정점에 오른다. 탈영병이 할머니의 병원비를 마련할 동안 시간을 벌어주겠다는 건데, 시스템의 룰을 가뿐하게 위반하는 선임의 행동은 한국 드라마의 자유로운 태도를 상징하는 것에 진배없다. 그러한 인간적인 접근이 이 드라마를 여타 병영 드라마와 차별화시킨다. 흥미로운 점은, 이러한 접근 방식이 이 글에서 다룰, 닫힌 공간에 관한 다른 드라마의 핏줄에 공통으로 흐른다는 사실이다.

Intro : No Reason to Live, <#살아있다>

한국인의 거주 형태는 근대와 현대를 지나면서 점점 더 폐쇄적으로 변했다. 아파트라는 거주 형태가 국토를 뒤덮기 전까지, 한국인의 평균적

<#살아있다>

인 거주 형태는 아파트의 그것과 비교해 열린 쪽에 더 가까웠다. 담장이
쳐져 있더라도 집과 대문 사이에 마당이 있어서 숨이 트였고, 지붕 아래
여러 가구가 사는 경우에도 가구끼리 왕래가 제한되는 그런 구조는 아니
었다. 세계 어디를 돌아봐도 한국처럼 아파트가 땅 전체를 장악한 예가
드문 가운데, 대다수의 가구는 사각형의 벽으로 둘러싸인 채 산다. 바깥
에서 보면 전형적인 닫힌 공간에서 사는 셈인데, 폐쇄적인 사회에 대한
거부감은커녕 익숙함을 느끼지 않고서야 이런 주거 환경이 지배적인 형
태가 되었을 리가 없다. 그러한 익숙함은 외부의 공격에 대해서도 마찬
가지로 대응할 거라는 상상으로 이어진다. 넷플릭스에서 성공한 초기 한
국 영화인 〈#살아있다〉(조일형, 2020)가 그러한 예다.

잠에서 깨 바뀐 세상을 뒤늦게 알아차린 주인공 준우(유아인)는 영화 내내 좁은 공간에 불과한 아파트를 주요한 행동반경으로 삼는다. 닫힌 공간으로서의 아파트라는 점에서 이후 등장한 〈스위트홈〉(넷플릭스 시리즈, 2020)과 비슷한 상황인데, 〈스위트홈〉의 아파트보다 훨씬 현대적이고 신식인 주거 환경에서 사는 사람들은 기이할 정도로 외부 공격에 맞서 연합하지 않는다. 방어의 방식에 있어 완전히 고립되고 독립된 행태를 취한다는 말이다. 평소의 삶이 그러했듯 위기의 상황 속에서도 기실 별로 달라지는 것은 없다. 시간이 지나 물도 못 마시는 극한의 상황이 오면 또 모를까, 그전에는 평소에 익숙한 생활 방식대로 사는 인물들이 기이하다. 원작인 미국 영화에선 배경이 아파트가 아닌 빌라 수준이어서 그나마 덜 이상해 보였던 반면, 거대한 아파트 단지에서 고립된 상태로 생존하려는 인물들이 과연 정상적이라고 할 수 있을까. 바깥으로 나가거나 생존자와 교류하는 것도 기껏 먹을 것을 구하는 방편으로 행해질 뿐이다. 서로가 서로를 보호해주지 못하는 것도 모자라, 아파트의 시민을 보호해야 할 공권력의 손길도 거의 다가오지 않는다. 엔딩에 등장하는 구조용 헬리콥터의 등장이 초현실적인 건 그래서다. 그런데 따져 보면, 구조의 현실 상황을 초현실적으로 받아들이는 게 이상한 일은 아니다. 헬리콥터가 아파트 단지 아래에서 상승하며 등장하는 게 말이 되지 않거니와, 심한 소리를 내는 헬리콥터가 극중 소리에 극도로 민감한 좀비로부터 공격을 안 당하고 접근한다는 것도 설명이 필요하다. 굳이 영화의 만듦새를 따지려는 게 아니라, 엔딩의 설정이 허망하다는 것을 강조하고

자 함이다. 즉, 〈#살아있다〉의 마지막은 주인공을 구조하는 해피엔딩이 아닌, 살기 위해 노력을 다한 인물에게 주어진 작은 위안 정도로 기능한다. 판타지에 가까운 위안. 안도의 한숨을 쉴 만한 설정이 아니라는 이야기다. 어쨌든 〈#살아있다〉에서 출발한 '아파트 인간의 각자도생'의 이야기는 〈스위트홈〉에서 보다 본격적으로 펼쳐진다.

<스위트홈>, 살아야 할 이유는 무엇인가

'스튜디오 드래곤'이 제작한 〈스위트홈〉은 철거 직전의 낡은 아파트가 배경이다. 하등 좋을 게 없는 유산, 잘못된 유산으로서 가난을 상징하는 공간인데, 인물의 전체 구성으로 치면 사회의 축소판 같은 모양새를 갖춰 놓았으면서도 다수의 구성원이 청년이라는 점이 어두운 사회의 풍경을 전한다. 벗어날 수 없는 가난한 환경 속에서 청년들은 옆집의 소리와 윗집의 진동을 견디며 살아간다. 이 드라마의 특이한 초반 설정은 한국 사회의 폐쇄성이 어떠한 것인지 잘 드러낸다. 하나, 이미 벌어진 일에 대한 별다른 설명 없이 암울한 상황이 아파트 전체에 불현듯 다가온다. 둘, 아파트의 주 출입구가 닫히면서 폐쇄 공간이 형성되는데, 누가 왜 그러한 조치를 취했는지 알 수 없다. 셔터는 왜 내려졌는가. 정문, 후문, 주차장 입구까지 왜 잠겼는가, 물어봤자 대답하는 사람은 없다. 즉, 원인을 전혀 알 수 없는 상황에서 우왕좌왕하는 바람에 비극이 더 강화되는 폐쇄성, 행안부 문자 외에 국가와 공권력의 도움이라곤 얻기 힘든 폐쇄의 시간, 문제의 원인을 파악하기 힘든 현대라는 시간의 위기, 드라마의 출발점은 거기다.

그러므로 드라마가 본격적으로 시작하기 전, 짧은 인트로의 비장함 속에서 명확하게 밝힌 드라마의 선언—이것은 살아남는 것보다 살아야 할 이유를 찾는 게 더 힘겨운 세상에서 기어이 살아갈 이유를 찾아내는 우리들의 이야기다—은 의미심장하다. 그런데 드라마가 시작하고 한참이 지나도록 〈스위트홈〉은 살아가야 할 이유를 찾는 대신 '살아남는 것'에 더 치중한다. 우선 각자의 공간에 머물던 존재들이 1층에 모이는 데까지 시간이 한참 걸리고, 함께 모인 뒤에도 그들은 각자의 몸과 머리에 맞춰 내외부의 위험에 대처한다. 대처라고 해봤자 괴물과 싸워 이기는 실질적인 행동과는 거리가 멀다. 비상계엄을 선포한 것 외에 도움을 주거나 보호에 나서지 않는 공권력이 '나중에 구하러 올 거'라는 어슴푸레한 믿음 아래 각자 살아남는 게 대처의 최대치다. 정체불명의 괴물과 대면하고 숨고 쫓기는 인물들이 게임의 플레이어처럼 보이기도 하지만, 적극적으로 싸워 이기는 방책을 취하지 않는다는 점에서 기실 그들은 게임 속 캐릭터의 존재보다 못하다는 게 냉정한 평가다.

살아남기 위해 소극적인 대응밖에 할 수 없는 인물들의 모습은, 실제로 과거 3년에 걸쳐 코로나19의 펜데믹 상황을 경험했던 우리의 그것과 다르지 않다. 펜데믹은 각자도생이 현실화되는 시간이었다. 코로나19에

<스위트홈>

감염되면 가족과도 함께 생활할 수 없었으며, 아파트라는 폐쇄 공간에서 또 하나의 폐쇄성이 추가된 자기 방에서 고립된 시간을 보내야 했다. 전쟁을 경험하지 않은 세대에게 고립된 방에서의 시간은 죽음과 같은 대리 경험을 안겨 주었다. 그리고 그 시간 속에서 살아남는다는 것의 힘겨움을 뼈저리게 느끼게 했다. 그러므로 <스위트홈>에서 서로에게 던지는 말은 그런 심정이 깊이 반영된 것들이다. "다 자기 방식대로 사는 거니까.", "네 목숨, 네가 챙기란 말이야.", "군대는 구해주지 않아요. 스스로 살아남아요, 그런 세상이니까." 이러한 의미심장한 말들은 상대방에게 어떤 다짐을 하도록 의도된 것이지만, 드라마를 보는 관객은 일종의 슬픔을 느끼기 마련이다. 살아남아야 할 이유를 찾아내는 이야기라고 해놓고선 정작 인물들이 살아남기에 급급한 상황을 보면서 어찌 안 그렇겠나.

그런 드라마에 변화의 계기를 마련하는 인물은 차현수(송강)다. 드라마의 초반에 그는 곧 사라지거나 죽을 인물로 묘사된다. 외톨이로서 자살을 결심하고 시도했다가 일찌감치 괴물의 인자가 몸으로 들어온 그가 죽음을 극복하고 삶의 변화를 맞이하는 과정이 이 드라마의 주제에 해당한다. 1층에 모인 주민들은 그를 도구로 활용하다 밤에는 폐쇄 공간 속에 가둔다. 〈D.P.〉에서 영창이라는 2중의 닫힌 공간에 갇힌 병사와 현수는 닮은꼴인데, 이 드라마에서 '살아야 할 이유'를 처음으로 언급하고 찾는 인물이 그라는 점에서도 비슷하다. 14층에 이사 왔던 그는 12층에 사는 어린 오누이의 아버지가 죽는 모습을 목격한다. 학교에서 왕따였던 현수는 가족과 거리를 두다 가족이 모두 세상을 떠난 뒤 자살을 결심한 터였다. 가족이 모두 세상을 떠난 뒤에야 가족의 절실함을 깨달은 소년. 그런 그가 어린 오누이의 슬픔 앞에서 자기 목숨을 걸고 "걱정 마, 너희들은 내가 지켜줄게."라고 말하는 순간이 현수라는 인물과 〈스위트홈〉의 중요한 전환점이다. 그것을 단순하게 '이타적인 삶'으로 표현할 수 있겠으나, 첫 시즌의 엔딩까지 도달하는 과정을 따라가다 보면 이 드라마의 전체적인 이상은 훨씬 원대한 것이 아닐까, 짐작할 수 있다.

〈스위트홈〉에서 주요 인물이 죽는 순서는 다음과 같다. 꼰대로 불리는 슈퍼 아저씨와, 나약했으나 누구보다 타인을 돕던 그의 아내가 괴물로 변해 세상을 떠난다. 젊은이들을 지원하는 기성세대의 남자들이 그다음으로 죽는 그룹이다. 그들이 장렬하게 떠난 자리에서 새로운 삶을 향해 마침내 닫힌 공간을 떠나는 인물을 대표하는 사람은, 이기적인 여성이었으나 타인에게 사랑을 베풀게 되는 어린이집 원장(차진옥)과 임신한 전직 특수부대원인 소방관 서이경(이시영)이다. 죽음의 능선을 통과한 인물들에게 이경이 마지막으로 던지는 말-꼭 살아남아요-은 그저 그런 대사가 아니다. 여성과 미래의 존재를 위한 자리를 마련하는 드라마의 목표는 닫힌 공간으로부터의 탈출극이라는 소재의 담장을 가뿐하게 넘어선다.

<지금 우리 학교는>, 21세기 소년독본

〈지금 우리 학교는〉(넷플릭스 시리즈, 2022) 1화의 학교 식당에서 벌어지는 집단적인 좀비화의 풍경은 좀비 영화와 드라마에 어지간히 노출된 사람도 놀랄 만한 것이다. 규모와 스피드와 액션과 연기 등이 입을 덜덜 떨게 만드는 동안 장르적 쾌감은 잠시 뒤로 물러난다. 그리고 아이들은 학교라는 공간 안에 갇힌다. 중소 도시의 한 모퉁이에 위치한 학교가 닫힌 공간이 된다는 게 이상하게 들리겠으나, 이 드라마는 그것을 상당히 설득력 있게 설정한다. 아이들의 그룹이 생존하기 위해 노력하는 부분과, 외부의 집단이 효산시의 문제를 해결하려고 노력하는 과정 사이에서 이 글이 집중하는 대상은 전자다(후자의 설정은 여러모로 광주민주화운동 시기의 닫힌 공간 광주를 은유한다). 바깥 병원으로 실려 간 아이로 인해 바이러스가 도시 전체로 퍼지고, 아이와 부모의 관계 같은 게 중

요하지만, 이 드라마는 학교 울타리 안에서 투쟁하는 아이들의 이야기
가 중심이다. 여기서 '왜 학교인가?'라고 질문하는 게 중요한데, 의외로
그것에 대한 답은 쉽게 나온다. 2000년 이후 한국 영화에서 학교는 부쩍
공포영화의 공간으로 자리 잡았다. 시리즈로 자리 잡은 〈여고괴담〉 외에

<지금 우리 학교는>

도 학교 배경의 공포영화의 제목을 줄줄이 대는 건 별로 어렵지 않다. 그
래서 <지금 우리 학교는>이 그런 경향을 잇는 현재형이라고 답할 수 있
겠으나, 그것만으로는 뭔가 아쉽다. <여고괴담>과 <지금 우리 학교는>이
보여주는 것과 말하는 것은 너무 다르기 때문이다.

〈스위트홈〉이 그리고 있는 사회의 벽화가 그러하듯, 〈지금 우리 학교는〉은 교육 문제, 학교 폭력 같은 단면을 다루는 여타 작품의 경계를 뛰어넘는다. 그렇다면 다시 질문해 보자. 〈지금 우리 학교는〉이 제목에서부터 학교와 학생을 소재로 선택한 이유는 무엇인가. 좀비 바이러스를 만들어낸 사람은 효산고의 과학 선생인데, 그는 학교에서 괴롭힘을 당하는 아들의 문제에 접근하다 마침내 이 바이러스를 만들어낸다. 궁지에 몰린 쥐와 같았던 아들이 어떻게 하면 생존할 수 있을까, 가 그의 질문이었다. 문제의 발단이 실험실이었다는 것은 이 드라마에 대한 시선을 어디에 둘지 그 자체로 설명한다. 압축된 시간을 투입한 하나의 실험처럼, 닫힌 공간과 제한된 시간 속에서 몸부림치는 아이들을 통해 그들이 살아갈 미래의 시간을 생각해 보는 것, 〈지금 우리 학교는〉의 시선은 거기에가 있다.

〈스위트홈〉이 얼핏 게임처럼 보였다면, 〈지금 우리 학교는〉은 21세기 지금을 사는 10대 아이들에 대한 거대하고 종합적인 해부도 같다. 고급 아파트에 사는 아이부터 생계 지원을 받는 가정의 아이까지, 전교 1등을 하는 아이부터 꼴찌를 맴도는 아이까지 - 그런 정도를 한참 지나 표본적이라 할 스펙트럼의 아이들이 이 드라마에 등장한다. 그리고 소모적으로 쓰이지 않고 자기 자신의 역할을 해낸다(첫 시즌에서 악의 전형처럼 묘사되는 부잣집 소녀와 죽지 않는 폭력 소년은 보는 이의 미움을 사기도 하지만, 한편으로 그런 성격과 마음씨가 만들어진 배경을 상상하게 하는 것도 이 드라마의 남다른 부분이다). 아파트의 이웃에 사는 온조(박지후)와 청산(윤찬영) 같은 평범한 고등학생을 중심으로, 양쪽으로 팔을 벌려 다양한 아이들을 넓은 스펙트럼 안에 보듬는다. 임신했으나 말하지 못하는 외로운 아이, 약한 아이들에게 폭력을 휘두르는 아이, 자신밖에 모르는 부잣집 아이, 똑똑하지만 다른 아이들과 교감하지 못하는 반장, 문제 학생에서 쾌활한 친구로 변한 아이, 양궁이 특기였으나 국가대표 선발전에서 막 떨어진 아이 등이 우리의 눈앞에 등장하지만 이 아이들은 자기 처지를 호소하거나 위로받을 틈이 없다. 쉴 새 없이 다가오는 좀비들에 맞서 당장 살아남는 게 우선이기 때문이다.

친구들이 하나씩 좀비로 변하는 급박한 상황이지만 드라마의 움직임에는 서두름이 없다. 하이틴 드라마가 하나의 소재나 주제 아래 아이들을 바라보는 것에서 벗어나, 아이들의 움직임 전체를 드라마의 긴 호흡으로 그린다. 〈스위트홈〉의 청년들이 살아남기 위해 각자 최선의 노력을 경주한다면, 〈지금 우리 학교는〉은 다른 처지에 놓여 있던 같은 세대의 아이들을 죽음과 질병 앞으로 몰아넣은 뒤 어떻게 반응하는지 읽어보는 쪽이다. 〈지금 우리 학교는〉은 그런 점에서 '살아남기 위한 게임'이 아니다. 사회물, 공포물, 학원물 등 온갖 장르의 합체이지만, 궁극적으로 지금 10대 아이들의 보고서라는 점이 그 모든 장르의 위에 선다.

매 에피소드 앞에서 흐르는 테마는 갇힌 공간에서 보내는 긴박한 구조 신호처럼 들린다. 담임 선생이 아이들에게 던진 마지막 다짐 - 꼭 살아서

<지금 우리 학교는>

보자-는 아이들의 행동 강령이 된다. 그처럼 절박한 상황, 아이들은 반
응은 다양하다. 팔을 물린 선생이 교실로 도피했을 때 한 학생이 "선생
님, 나가요."라고 주문하자, 선생이 "쌍년아."라고 받아치는 상황이다. 끈
질기게 살아남는 아이도 있고, 상대방을 돕는 데 앞장서는 아이도 있고,
희생하는 아이도 있고, 좀비와 싸우는 데 일가견이 있는 아이도 있는가
하면, 자기 목숨만 소중한 아이도 있고, 좀비 증상이 보이자 스스로 바깥
으로 나가려는 아이도 있고, 옥상에서 혼란스러운 상황을 바라보는 외
톨이도 있다. 그 와중에 어떤 아이는 악의 화신처럼 교장 선생을 죽이고,
외톨이 소녀는 동영상 유출이 두려워 좀비에게 물려서도 핸드폰을 찾아
헤맨다. 부모의 죽음을 확인하고 자살을 선택하려는 아이도 있다.

아이들은 자신들이 구조의 우선순위에서 밀린다고 생각한다. 어른들이 자신들을 구하러 올 확률이 낮다고 아이들이 생각할 때, 기성세대의 가슴은 아프다. 〈스위트홈〉의 청년들은 물론, 십대 아이들에게도 기성세대는 기댈 수 있는 존재가 아니다. 그래서 아이들은 자신들이 아는 모든 지식과 노력을 동원해 탈출을 시도한다. 무증상감염을 이유로 계엄군이 구조를 포기했을 때, 아이들은 스스로 구할 방법밖에 없음을 깨닫고 실행에 옮긴다. 공부는 못하지만 유인하고 도피하는 데 있어 주도적인 역할을 하는 온조가 괜히 특전사 출신 구급대원의 딸로 설정된 게 아니다. 옥상에 도착한 아이들이 밤에 불을 피우고 학창 시절을 빗댄 노래를 부를 때, 정말로 아이들을 응원하고 구하고 싶어진다. 그것이 과학 선생의 질문—변할 수 있는 끝을 본 뒤에도 사람이 아름답다고 믿을 수 있을까—에 대한 대답이다.

Outro : Reason To Live, 폐쇄성은 좀비에게나 줘버려

〈지금 우리 학교는〉의 첫 시즌을 본 뒤의 느낌은 '관계가 새롭게 정립되는 경험'이다. 눈앞에서 부모와 친구가 죽고, 사랑했던 사람이 좀비로 변하고, 공권력이 자신을 포기하는 순간을 지나면서 아이들의 내면은 꿈틀거린다. 바깥세상에 사는 다수의 생존을 위해 아이들이 살았던 터전을 폭발하고 불태우는 광경을 직접 보면서 아이들은 어떤 인간관계를 꿈꾸게 될까. 아이들이 꿈꾸는 전혀 새로운 관계는 어떤 것일까, 아이들에게 가치 있는 존재란 어떤 것일까, 아이들은 가치 있는 관계를 위해 노력하는 인간과 인간관계를 어떻게 평가할까. 〈지금 우리 학교는〉의 반장 최남라(조이현)는 좀비와 인간 사이의 존재라는 점에서 〈스위트홈〉의 차현수와 닮은 인물이다. 그가 극도의 허기를 극복하며 인간임을 유지하기 위해 자기 팔을 물어뜯을 때, 인간이라는 존재에 대해 다시 생각하게 된다. 남라가 마침내 자기 목을 물려고 했을 때 온조는 그러라고 말한다. 그는 눈을 감고 자기 목을 내준다. 〈지금 우리 학교〉는 이런 유의 장르 가운데 정말로 성숙한 단계에 진입한 작품이다. 닫힌 공간의 주제 아래 결론을 내리자면, 결국 공간을 규정하는 건, 공간의 크기가 아니라 그 공간에 스며든 인간의 마음이다.

한국 영화의 닫힌 공간과 사회를 다루는 글에서 주로 결론을 맺는 바는, 한국 사회가 가부장적이며 폭력적인데 공간의 폐쇄성에서 그것이 잘 드러난다는 식이다. 그리고 한국 사회가 얼마나 위험하냐는 식으로 한탄한다. 읽어보면 대부분의 글이 그러하며, 현실 상황에서 그런 결론을 죄다 부정하기도 힘들다. 그러면 어떻게 해야 하는가. 영화가 답을 구하는 곳은 아니지만, 기존 사회를 형성한 사람들의 피를 다 바꿔야 하나. 흡혈귀가 필요한 시대란 말인가. 대신 나는 현재와 미래의 한국 사회를 가늠해볼 수 있는 것을 보기로 했다. 그러자니 이미 노쇠한 영화보다 현재 아이들의 숨결이 묻어난 드라마를 볼 수밖에 없었는데, 거기서 받은 인상은 위험한 한국 사회의 상과는 사뭇 다른 것들이었다. 나와 전혀 다른 인류처럼 보이는 아이들의 세계가 두려운 것은 나도 마찬가지다. 그러나 한국의 닫힌 사회를 다룬 드라마에서 아이들이 행하는 것과 꿈꾸는 것을 보면서, 애초 내가 닫힌 공간에 관한 드라마의 글에서 다루려고 했던 위험, 폭력, 폐쇄성 같은 단어는 점점 그 의미를 잃어갔다. 아이들은 답답하다고 성화만 내는 것도 아니었고, 기성 사회에서 살아야 하는 현실을 푸념만 하는 것도 아니었다. 아이들이 그런 것들을 느끼지 못하고 모른다는 게 아니라, 그것보다 다른 어떤 것을 향해 나아가겠다는 의지가 확실히 읽혔다. 그것이 21세기의 아이들이 기성세대의 이야기에 끌려가기보다 자신의 이야기를 시작하는 방식이다. 그러니 글의 시작과 끝에서 닫힌 공간에 대한 서술의 방향이 완전히 달라지는 걸 나도 느꼈지만 고치지 않고 그대로 두기로 했다. 그게 맞다고 생각했다. 닫힌 사회의 드라마가 폐쇄된 육체를 천신만고 끝에 통과하면서 마주한 것은 인간의 얼굴이다.

3

인공섬과 시골
: 모두가 판타지 공간에 산다

정민아

공간은 계급의 미장센이다

공간은 욕망의 시각화다. 영화와 드라마 미술에서 공간이 인물의 내면을 어떻게 담아내는가 하는 문제는 중요하다. 스크린에서 우리가 보는 모든 것은 진짜가 아니다. 영화와 드라마에서 보이는 것은 제작진이 영화적 리얼리티를 위해서 만든 것인데, 현실에 가깝도록 그럴듯하게 만들어서 이야기에 몰입하도록 도와야 한다. 이것이 영화와 드라마가 현실의

<화양연화>

반영이라는 부문에서 매우 뛰어난 능력을 발휘하는 요인이다.

연극이나 무대 뮤지컬, 오페라는 무대 세트도 중요하지만 무엇보다도 배우의 퍼포먼스와 대사에 의존한다. 하지만 사진적 영상이 발전하면서 만들어진 매체인 영화와 드라마는 배우의 움직임과 대사, 그리고 공간 미술은 거의 동등한 의미를 가지면서 텍스트에 의미를 더한다. 개개인의 성격이 자기 방 인테리어에 드러나듯이, 영화나 드라마의 캐릭터를 전달하기 위한 효과적인 방법이 공간 미술이다. 〈화영연화〉(왕가위, 2000)에서 어두운 도시 뒷골목의 벽에 기대어 선 양조위와 장만옥의 몸 위로 길게 드리워진 난간 그림자를 보면서 두 사람의 미래가 어두울 것임을 상상하게 된다.

〈수색자〉(존 포드, 1956)는 거친 총잡이 존 웨인이 저 멀리 황야 한가운데서 모습을 보이며 마을로 들어서는 장면으로 시작한다. 마지막 장면은 모든 일을 마치고 동생네 가정의 온전함을 확인한 후 문 안으로 들어서지 못하고 서성이다가 처음처럼 황야로 사라지는 존 웨인의 뒷모습으로 끝난다. 처음 돌아왔던 곳으로 떠나는 황야의 사나이는 법과 가정의 테두리 안으로 결코 들어올 수 없는 아웃사이더임을 이해하며 마음 한편이 쓸쓸해진다.

이렇든 영화와 드라마의 시각적 요소는 많은 것을 해석하게 하는 의미 있는 요소이며, 미장센 분석이라는 것을 통해 인물의 대사와 행위가 알려주지 않는 숨겨진 의미를 찾는 재미가 있다. K콘텐츠는 서사적 재미, 영화적 룩을 구현하는 퀄리티 있는 시각적 완성도, 여기에 사회비판의식으로 무장한 메시지 전달성의 삼박자가 조화롭게 균형을 이루면서 글로벌 팬덤을 모으고 있는데, 이 세 가지는 따로 떨어진 요소들이 아니다.

스릴러, 미스터리, 호러 등 상업 장르의 틀 안에 자본주의 사회비판의 메시지를 녹여내며, 한국적 공간과 캐릭터를 활용한다는 점이 K콘텐츠의 두드러진 특징이다. 여기에 세대 갈등과 경제적 양극화, 정치적 상황이 적절히 반영이 되면서도 재미를 갖추어서, 콘텐츠를 감상할 때 메시지와 엔터테인먼트 두 가지가 균형을 발휘한다.

〈기생충〉, 〈킹덤〉, 〈오징어게임〉, 〈이상한 변호사 우영우〉, 〈더 글로리〉 등에는 자본주의적 모순과 무한경쟁 사회, 그리고 계급구조가 가져온 극심한 불평등에 대한 비판이 스토리에 생생하게 담긴다. 한국사회를 배경으로 하는 비판 의식은 한국인에게만 다가가는 것이 아니고, 세계인도 충분히 공감할 수 있는 보편적인 코드다. 오랜 독재와 민주화투쟁을 거치면서 한국인은 사회성, 정치성에 민감하다. 이러한 자질은 대중문화에도 반영되어서 K콘텐츠는 오락 상업물일지언정 사회적 메시지를 중요하게 다루고, 게다가 비판정신을 엔터테인먼트화하는 데 그 어느 나라의 콘텐츠보다 강력한 능력을 발휘한다.

K콘텐츠의 여러 가지 미덕 중 하나로 로컬리즘 공간을 효과적으로 활용한다는 점이 있다. 궁궐, 기차, 대단지 아파트, 낡은 빌라, 주유소, 뒷골목, 재개발 장소, 학교, 군대, 법정, 시위 현장, 전통 시장, 시골마을 등을 통해 한국적인 시각적 풍경 안에 인물들을 가져다 놓아서, 외국 콘텐츠에서는 좀처럼 볼 수 없는 공간미학을 그려낸다. 후기 자본주의 사회가 초래한 극명한 양극화와 불평등의 부조리함이라는 주제의식의 보편성이 로컬적 공간과 캐릭터가 가지는 한국적 특수성과 경합하면서 커다란 에너지를 일으킨다.

인공섬에 갇힌 부자

부자는 영화나 드라마에서 대개 부정적으로 그려져왔다. 21세기에 들어서 한국 드라마에서는 재벌이 자주 등장한다. 우리가 살아가면서 재벌을 만날 경우가 얼마나 있을까? 재벌은 극소수라 생활에서 그들을 마주칠 일은 거의 없지만 재벌이 주인공인 이야기는 꽤 오랫동안 한국 드라마의 단골 소재다. 재벌 이야기는 출생의 비밀, 가족 갈등, 불륜, 삼각관계, 물질만능주의가 극에 달하는 막장드라마 설정에 선정성을 한 스푼 더 가미하여 시청률을 올리기 위한 수단으로 활용되었다. 자극적인 비현실적 전개, 신파와 선정성 등 많은 비판을 받으면서도 재벌이 등장하는 〈천국의 계단〉(2003, SBS)과 〈꽃보다 남자〉(2009, KBS)와 같은 드라마가 엄청난 화제와 시청률을 보여주면서 성공하였다. 이후 재벌은 막장드라마의 필수요소로 등장하게 되었으며, 재벌은 연예인만큼이나 대중적 관심의 대상이다.

여기에는 미디어의 환경적 변화가 한몫을 한다. 2010년대 초 미디어법 개정에 따라 간접광고가 도입되기 시작하면서 TV드라마는 PPL이 가능한 상류층을 전면에 내세우는 방법으로 드라마 제작비를 벌충하는 경향이 생겨냈다. 드라마가 다양한 간접 광고 상품을 끌어들이기 위해서는 소비주의로 무장된 화려한 상류층에게 초점을 맞추는 것이 자연스러운 일이 되어버렸다. 또한 해외수출을 염두에 두면서 한류시장에서 통하는 젊은 인기스타 배우가 출연하고, 다방면에 PPL이 가능한 재벌과 고위층을 소재로 하는 드라마가 주류를 형성하게 되었다.

이러한 경향성을 가속화시킨 재벌 관련 몇 가지 사건이 있었다. 2010년에 뉴스가 된 재벌 2세 야구방망이 구타사건, 2014년에 사회를 공분케 한 항공사 사주 땅콩 갑질 사건이다. 일반인의 상식을 뛰어넘는 재벌의 기이한 행동이 더해지고 2012년 대선에서 경제민주화가 선거의 주요 화두가 되면서 재벌 및 상류층의 도덕성 담론은 일반인에게도 화제의 중심이 되었다. 이러한 사회적, 미디어 환경적 정황과 맞물리면서 초상류층 부자를 그리는 콘텐츠가 활발하게 제작되었다.

재벌을 그림으로써 드라마에 막장성이 더해지지만, 재벌 가족의 비인간적인 모습을 그리며 자본주의 사회가 드러내는 물질만능주의와 계급구조를 겨냥하는 퀄리티 있는 부자들의 드라마도 많다. 〈발리에서 생긴 일〉(2004, SBS), 〈미안하다 사랑한다〉(2004, KBS), 〈파리의 연인〉(2004, SBS), 〈내 이름은 김삼순〉(2006, MBC), 〈김비서가 왜 그럴까〉(2018, tvN), 〈품위 있는 그녀〉(2017, JTBC) 등. 위 드라마에서 가족문화에 완벽하게 스며들지 못하는 재벌남과 괴로워도 슬퍼도 울지 않는 가난한 캔디녀의 커플짓기는 현실에서는 불가능에 가깝다. 그러나 현실의 불가능성을 판타지에서 충족시켜 주면서 현실의 모순이 주는 스트레스를 날리며, 재벌과 소시민이 동등하게 관계하는 데에서 오는 카타르시스를 맛보며 우리는 현실을 살아갈 힘을 얻는 경우도 많다.

〈오징어 게임〉은 456명 참가자 중 오직 한 명에게만 몰빵으로 주어지는 456억을 놓고 벌이지는 치열한 생존 게임을 그리는데, 초록색 트레이닝복을 입은 참가자들은 빚에 허덕이다가 죽기를 결심하기 직전 이 게임에 들어온다. 그러면 이 게임을 만들고 즐기는 자는 누구인가?

그들은 바로 특별관람석에서 느긋하게 사람들이 죽어나가는 게임을 지켜보며 낄낄대는 VIP들이다.

세상이 너무 무료해서 가난한 자들이 죽고 죽이는 아비규환의 게임을 즐기는 백인 갑부들이 섬에 모이고, 이들은 동물 가면을 쓰고 실크 옷으로 치장한 채 술을 마시는지 약을 하는지 환각 상태에 빠져 창 너머로 게임을 구경한다. 영화 〈시계태엽 오렌지〉(스탠리 큐브릭, 1971)에서 영국 사회의 타락과 위선을 그리기 위해 십대 비행청소년들이 일탈을 즐기러 가는 클럽의 비인간성을 보여주고자 기이한 자세로 놓여 있는 인간 소파가 소품으로 활용된다. 〈오징어 게임〉의 갑부들도 호피나 뱀 무늬를 나체에 그려넣은 살아 있는 여성들을 가구나 소품처럼 자신의 공간에 배치한다. 여성들은 값비싼 오브제처럼 부자들의 발 아래 엎드려 테이블이 되거나 소파가 되고, 중년의 백인남성 부자들은 널부러져서 게임을 품평하거나 서빙하는 시중을 농락한다.

〈오징어 게임〉

〈오징어 게임〉은 부자와 가난한 자의 공간을 완전히 대조적으로 그린다. 저 위에 있는 부자들의 공간에는 요란하게 치장된 인테리어 위로 간접 조명이 드리워지며, 야생 식물이 곳곳에 놓여 있고, 동물 피부를 새겨넣은 여성들이 배치된다. 이들의 얼굴은 동물 가면을 써서 볼 수 없게 하고, 아무렇게나 앉거나 누우며, 배불리 먹고 마시면서 음탕한 말을 쏟아낸다. 게임 공간에 있는 참가자들은 똑같은 초록색 트레이닝복을 입고 열을 맞춰 도열해 있다. 초록색 트레이닝복은 한국 사회에서는 백수 혹은 루저의 상징이고, 절실한 게임 참가자들은 부자들의 시선에는 탈락한 루저일뿐, 한 명 한 명의 서사는 관심 대상이 아니다.

그들은 강한 자만이 살아남는 야생 동물 세계를 동경하는 걸까. 자본주의 정글과 동물 세계를 똑같다고 보는 걸까. 이들의 그로테스크함이 강조될수록 목숨을 걸고 오직 돈을 위해 게임에 참가한 이들의 비참함은 더 커지면서 경제적 양극화의 비인간성이 강조된다. 백인으로 구성된 갑부라는 점에서 계급 문제에 인종 문제가 더해지는데, 이는 한국 사회 내의 문제가 아니라 글로벌 차원의 문제로 확대되면서 인종과 계급이 더해진 더 복잡한 양상의 현대 자본주의에 대해 은유한다.

〈오징어 게임〉 이전에 〈기생충〉이 부자와 빈자의 공간을 정확히 구분하여 미장센이 주는 의미 생산을 보여주자 세계의 많은 영화팬들이 환호했다. 〈기생충〉은 박 사장이 사는 대저택 거실과 2층 공간, 전원 백수 가족 기택네가 사는 반지하 공간, 세상에서 완벽하게 사라져서 숨만 쉬면서 생명을 영위하는 근세가 숨어 있는 지하 벙커 공간 등, 계급적 공간을 세 개로 나눈다.

박사장의 거실과 2층은 통유리로 세워져 초록색 정원을 한눈에 볼 수 있고, 내부는 군더더기 없는 심플한 탁자와 의자, 소파와 장식장으로 고급스러움을 더하며, 벽면에는 그림을 걸어 부자의 예술에 대한 심미적 취향을 한껏 뽐낸다. 이 깔끔한 공간에서 사람들이 일상적으로 쓰는 물건은 어디에 둘까 궁금하다. 대리석 바닥에는 먼지 한 톨 없고, 벽과 가구와 그곳에 사는 사람들의 옷은 모노톤으로 완벽한 통일성을 자랑한다.

자크 타티의 〈나의 삼촌〉(1958)에서 인공적으로 만들어진 현대 가정집이 보여준 위트처럼 봉준호도 부자들의 공간을 우아하게 보이기 위해 발버둥치는 유머로써 그려낸다. 계단은 급격하게 아래로 떨어지는 사람들의 이동을 상징적으로 표현하는데, 반대로 계단을 올라가자 힘겨워서 이내 다시 굴러 떨어지고 만다.

삼성전자 회장 이재용이 구치소에서 재벌 드라마를 보고 충격을 받았다는 기사가 있다. 그는 드라마 속 재벌 갑질을 보며 실제 오너 일가가 일반인에게 어떻게 비칠지 간접적으로 체험했다고 한다. 드라마의 재벌의 모습은 실제가 아닐 가능성이 있다. 대부분의 일반인은 재벌의 생활을 알지 못하고, 우리는 상상으로 그려진 재벌의 모습을 드라마 안에서 진화한 하나의 장르 컨벤션으로서의 이미지로 본다. 그러니 진짜 재벌이 재벌 드라마를 보고 충격을 먹을 수밖에.

〈마인〉(2021, tvN)은 재벌가 대저택 세트로 건축 설계가 뛰어난 한 뮤지엄을 통째로 쓴다. 드라마의 재벌 일가는 우아하게 전시된 미술품처럼 세상에서 동떨어져서 자기들만의 성 안에서 따로 산다. 자녀가 서울대 의대를 진학하는 것이 가족의 지상 목표가 되어버린 〈스카이캐슬〉(2018, JTBC)의 이웃들은 평범한 학교와 학생들과는 다른 일상이 필요하므로 한 빌라촌에 모여산다. 〈펜트하우스〉는 말 그대로 재벌과 전문직만이 들어갈 수 있는 허가를 얻은 최고 꼭대기 층 펜트하우스에 모여살면서 이익을 위해 손을 잡기도, 배신 하기도 하는 부자들의 종잡을 수 없는 이야기로 천박한 자본주의 세상을 비판한다.

〈마인〉

<사랑의 불시착>

최근 성공한 드라마 〈이태원 클라쓰〉, 〈사랑의 불시착〉, 〈하이에나〉, 〈부부의 세계〉, 〈대행사〉, 〈재벌집 막내아들〉, 〈더 글로리〉, 〈종이달〉에서 그려지는 갑부들이 사는 곳은 일반인은 모르는 공간 이미지이며, 그들만의 세상에서 차가운 얼굴로 모든 것은 빈틈없이 설계된다. 그들이 입고 있는 빳빳하게 다려진 수트처럼 모든 것은 계산된 대로 이행되고 흐트러짐이 없으며, 그들의 공간은 인공섬처럼 보여서 인간미가 없다. 모든 것이 제자리에 정확하게 놓인 깔끔한 곳이 흐트러질 때 그들은 인간적인 모습을 보이며 그들 아래 계급과 왕래한다.

서민이 되돌아가는 시골

〈동백꽃 필 무렵〉, 〈갯마을 차차차〉, 〈도도솔솔라라솔〉, 〈라켓 소년단〉, 〈우리들의 블루스〉, 〈나의 해방일지〉, 〈스물다섯 스물하나〉, 〈어쩌다 전원일기〉, 〈나쁜 엄마〉, 〈어쩌다 마주친 그대〉 등의 공통점은 농촌, 어촌, 산골 등 시골을 배경으로 하는 착한 드라마라는 점이다. 척박한 현실 속에서 가족은 최후의 위안처이지만, 가족에 대한 문화적 가치 변화가 생겨나면서 가족은 해체되고 고전적인 의미의 화목한 가정은 많지 않다. 돈과 이득 때문에 벌어진 사정으로 가족 간 정이 깨지며 가족은 이익공동체로 변화하고 있는 비인간적 현실이다. 이러한 상황에서 미디어는 이상적인 것이라고 설정된 가족의 모습을 그리워한다. 이때 이상주의적인 가족의 모습은 시골 공동체나 가난한 이웃에게서 찾고, 복고풍에서 찾곤 하는데, 이는 이상화된 판타지이다.

<나의 해방일지>

〈나는 자연인이다〉(2012, MBN), 〈삼시세끼〉(2014, tvN) 등 두 편의 예능이 농촌 리얼리티 쇼의 붐을 불러왔다. 자기계발을 하며 악착같이 성공을 향해 달리는 것이 지겨울 뿐더러 계급의 사다리를 올라설 가능성이 희박해지면서 '힐링'과 '웰빙'이라는 단어가 누구에게나 화두가 될 즈음에 이러한 양상이 나타났다. 도시의 치열한 삶에 대한 대안으로 농어촌을 꿈꾸는 사람이 많아지고 귀농을 독려하는 사회 분위기가 형성되었

으며, 이웃의 정과 노동의 즐거움, 그리고 돈에 대한 집착이 없어도 되는 슬로 라이프에 대한 기대가 생겨났다.

출연자들의 극한 경쟁을 부추기는 〈런닝맨〉, 〈무한도전〉, 〈진짜 사나이〉 같은 예능이 지고 힐링 농촌 예능이 떠오르게 된 것은 10여 년 정도가 되었다. 푸른 들판 위로 느리게 걸으며 밥해서 먹고 친구들의 이야기를 듣는 농촌 예능이 계속해서 새로 생겨났다. 대본 없이 밥 하고 쉬고 이야기 나누는 게 전부다.

<박원숙의 같이 삽시다>

〈박원숙의 같이 삽시다〉, 〈회장님네 사람들〉, 〈어쩌다 사장〉, 〈세컨하우스〉 등 농촌 예능은 계속해서 새로 제작되고 있다. 트로트 열풍처럼 농촌 콘텐츠는 어느 날 갑자기 시장에 나타난 것이 아니다. 늘 있었지만

변방에 머물렀고, 주목 받지 못하고 있던 위치에서 비로소 주류로 올라선 것이다. 〈전원일기〉와 〈대추나무 사랑걸렸네〉가 국민드라마가 되어 1980년대에서 2000년대 초반까지 인기를 끌었고, 〈6시 내고향〉은 1991년부터 지금까지 이어지는 장수 교양 프로그램이다. 늘 있던 농촌 콘텐츠는 새로운 수용자에 의해 새롭게 발견되며 주목받는다.

힐링, 공감, 무공해를 내세우는 농촌 배경 드라마는 시청자들이 장르물에 지친 사이에 착한 드라마로 복고 열풍과 함께 붐을 형성했다. 인간적인 정과 슬로 라이프가 있는 편안한 드라마가 있는가 하면, 시골마을 예찬과 정반대의 완성도 높은 콘텐츠도 하나의 경향성을 형성한다. 〈마더〉나 〈곡성〉처럼 시골을 배경으로 폐쇄적인 공동체에서 나타나는 강도 높은 잔인함이 살아 있는 농촌 스릴러 영화가 있고, 〈나의 해방일지〉처럼 고단한 농사일과 주변부를 형성하는 마이너한 인생의 피곤함을 통해 현대사회의 비정함을 날카롭게 곱씹는 드라마가 있다.

〈동백꽃 필 무렵〉(2019)은 이후에 제작되는 농촌 드라마의 장르적 요소를 구축한 작품이라고 볼 수 있다. 이러한 류의 드라마는 〈전원일기〉류의 농부 인간극장을 보는 것 같은 드라마가 아니라 농촌이기에 도시인으로서는 알지 못하는 미스터리한 요소들이 있고, 이를 추리를 위한 도구로 적극적으로 활용한다. 농촌 생활의 좌충우돌, 사투리가 주는 구수함, 개방된 공간에서 이웃이 가족처럼 생활하는 데서 나오는 애환이 코미디 플롯에 중요하게 쓰이고, 폐쇄 공동체의 공모 가능성, 낯선 환경이

주는 미스터리, 증거를 숨기기 좋은 자연환경 등의 요소가 스릴러 플롯에 활용된다. 농촌 코미디 스릴러는 어떤 장르 경향을 만들어가 가는 과정에 있다. 〈갯마을 차차차〉, 〈스물다섯 스물하나〉, 〈나쁜 엄마〉, 〈어쩌다 마주친 그대〉처럼 범죄 사건이 중심이 되는 드라마, 〈도도솔솔라라솔〉, 〈우리들의 블루스〉, 〈나의 해방일지〉, 〈스물다섯 스물하나〉처럼 미스터리한 인물의 정체를 알아가는 것이 플롯 진행의 주요 동력이 되는 드라마 등 두 개의 유형이 있다. 그러나 두 유형 모두 코미디나 로맨스에 추리물을 더했다는 점은 같다.

많이 알려지지는 않았지만 〈백희가 돌아왔다〉(2016, KBS)는 지금 나타나는 농촌 드라마의 시초이자 원형이라고 볼 수 있다. 4부작 단막극으로 크게 화제를 일으키지는 않았지만 미스터리와 코미디의 훌륭한 결합을 보여주는 실험으로 꼭 재발견되어야 하는 수작이다. 〈백희가 돌아왔다〉가 임상춘 작가에 의해 〈동백꽃 필 무렵〉으로 연결된 것은 영리한 전략이다.

경향성이라는 면에서 농촌 드라마의 제작은 앞으로도 당분간 이어질 것이라고 예측한다. 사회비판 주제의식이 강하고 짙게 그려지는 장르물이 한쪽에 있고, 밝은 코미디에 현실의 미스터리함이 결합되어 극의 긴장감을 주지만 힐링을 주요 기능으로 하는 농촌 드라마가 또 다른 한쪽에 존재한다. 서로 경쟁적으로 완성도를 높여가는 방향으로 K콘텐츠가 풍성해질 것을 희망어린 시선으로 전망한다.

K콘텐츠 공간이 판타지로 기울어지는 이유

부자들의 인공섬과 서민의 시골은 완전히 대조적인 미장센이지만 둘 다 판타지 공간이라는 면에서 공통점을 가진다. 부자들을 섬에 가두고 그들을 비틀어지게 재현하는 것과 시골을 낭만화하고 향수로써 그리워하는 것은 같은 정서적 기재이다. 인공섬은 현실의 모순을 하나의 공간에 다 넣어서 구체적인 적을 상정하도록 하며, 시골은 하나의 아름다운 도피처로 제시된다. 두 공간은 모두 현실의 척박함 때문에 상상되는 곳이다.

추악하다고 경멸하거나 아름답다고 미화하거나, 둘 모두 현실인식과는 거리가 멀다. 가령 시골 드라마처럼 이웃이 가까이에 붙어살면서 일상적으로 욕을 퍼붓고 티격태격하다가 다정한 공동체로 남아 있는 것을 현실에서 흔히 볼 수 있을까. 가족처럼 욕하면서도 정이 붙는 예스러운 생활 방식이 통용되는 공간은 이제 드물다. 디지털화된 첨단 현대도시 생활자에게 정이 넘치는 시골은 기억 너머 저편으로 사라진 공간이며 실제 시간적으로도 먼 거리에 있다. 부자들의 인공섬은 경험 불가능성으로 인해 대중에게는 더 멀다.

향수는 자신의 잃어버린 황금기를 쓸쓸하게 그리워하는 정서다. 사람의 일생에서 잃어버린, 평온했던 시절을 애타게 동경하는 마음이 집단적 염원이 된 것이 향수다. 시간차가 있는 그곳으로 돌아간다는 것은 불가능한 일이기에 우리는 콘텐츠에서 구현하는 시간여행을 통해 그 감정을 다스리곤 한다. 이렇게 나타나는 감정으로서의 향수는 문화적 불안이라는 모호한 징후다. 지나간 것을 회고하는 것은 현재의 위기 때문이다. 위기의 순간에 자꾸 뒤돌아보고, 광폭한 개발 이전의 무규칙성과 무질서가 주는 즐거움을 회상하게 된다. 규격화된 도시생활에 익숙해진 우리 현실에서 사라진 어떤 것은 순수한 것으로 기억된다. 사라진 골목길과 이웃과의 공동체적 정서의 환기는 현실의 불안을 다스리는 일시적 처방제다. 내가 속한 현재는 치열한 경쟁과 속도전으로 인해 낯설고 불안한 감정이 팽배한 곳이기에 과거 익숙한 풍경을 감상하면서 잠시라도 달래고 싶다. 북적이는 시골 공간을 일종의 유토피아적 상상의 공간으로 바라보게 하는 이유다.

드라마 속 시골은 향수를 안겨주는 풍경이 되고, 시청자는 공간이 쌓아올린 역사적, 사회적 무게와 상관없이 기분 좋게 향수를 즐긴다. 향수의 대상은 실제로 존재했던 과거의 장소, 사건, 시간이 아니라, 주체가 스스로를 위로하기 위하여 사실과 일치하지 않아도 '좋았던 옛날'을 그리는 것이다.

향수는 어쩌면 상상에 의해 채색된 것이다. 콘텐츠의 향수적 정서에 공감하는 시청자는 기억 너머 저편 어딘가에 있었을지도 모를 상상의 공간이자 만들어진 기억을 소비한다. 낯선 것과 촌스러움, 순수의 뒤섞임과 애매한 상징 속에 역사적 사실과 시대적 무게는 무분별하게 뒤섞인다.

<어쩌다 마주친 그대>

미래는 더 악화될 것이라고 생각하며 낙관주의가 사라지고 있는 지금, 시스템의 가치는 힘을 잃으면서 생겨나는 비판적 시각이 K콘텐츠를 더 퀄리티 있게 만들어주고 있다. 앞으로 나올 농촌 드라마는 장르적 요소와 시골 향수가 불균질적으로 결합한 새로운 혼종으로 진화하여 미래를 비판적 시각에서 징후적으로 볼 것으로 기다려진다.

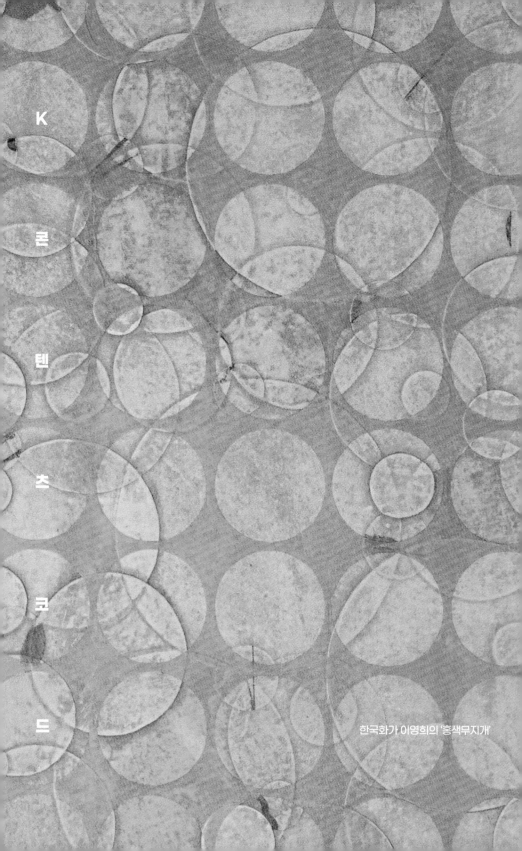

K
콘
텐
츠
코
드

한국화가 이영희의 '홍색무지개'

인물

II

1

가족
: 가족이라는 덫과 여명

이현경

생존의 이유, 가족

모든 것의 시작에는 '가족'이 있었다. 〈오징어 게임〉(넷플릭스 시리즈, 2021)부터 시작된 K콘텐츠의 바람에는 가족이라는 코드가 단단히 자리 잡고 있다. 눈물 콧물 짜는 신파 스타일의 가족애가 우리에겐 진부하지만 글로벌 시청자에게는 신선한 정서였다. 서바이벌 게임은 할리우드에서 익숙한 서사이다. 대표적인 작품 〈프레데터〉(존 맥티어난, 1987), 〈큐브〉(1997, 빈센조 나탈리), 〈헝거 게임 : 판엠의 불꽃〉(게리 로스, 2012), 〈메이즈 러너〉(웨스 볼, 2014) 등은 사람을 모아 놓고 서바이벌 게임을 진행한다. 이런 유형의 서사는 대체로 밑도 끝도 없이, 왜 왔는지도 모르고, 누구와 싸워야 하는지도 모르는 상태에서 게임이 시작된다. 집단 서바이벌 게임에서 각자의 사연은 전혀 중요하지 않으며 박진감 넘치는 잔인한 게임 스펙터클을 즐기는 것이 관전 포인트였다. 이런 통념을 깬 서사가 바로 〈오징어 게임〉이다. 서바이벌 게임이라는 점은 같지만 〈쏘우〉(제임스 완, 2004) 같은 경우, 그들은 게임 설계자 직쏘에게 자신도 모르는 새 무언가 잘못했기 때문에 불려왔다. 하지만 그 사연이 눈물겹게 그려지진 않는다.

〈오징어 게임〉은 게임에 참여하기까지 구구절절한 사연이 전사로 펼쳐지는 것은 물론 게임을 진행하면서도 서로 연합하고 배신하는 심리 드라마가 전개된다. 스토리의 중심인물 기훈(이정재)은 가장 많은 사연을 노출한다. 퇴직 후 차린 치킨집이 망해서 현재는 대리기사 일을 하는 47세 기훈은 전처가 키우는 10살 딸이 있다. 은행대출 2억 5천에 사채 1억 6천만 원 때문에 조폭에게 쫓기는 신세다. 그런 처지인데도 노점상을 하는 노모에게 용돈을 받아 경마를 하는 철없는 이혼남이다. 딸 생일 선물도 제대로 챙겨주지 못하고 전처에게 돈을 빌리는가 하면 지병으로 고통받는 엄마 지갑까지 넘보는 구제불능인 인물이다. 어느 날 뜬금없이 지하철에서 웬 낯선 사내로부터 딱지치기 내기를 제안 받는다. 상대 딱지

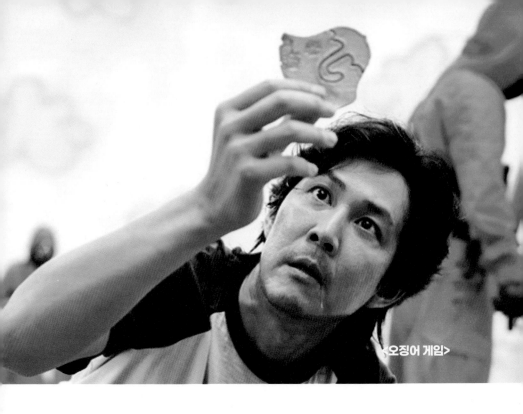

<오징어 게임>

를 뒤집기만 하면 돈을 받을 수 있다는 말에 혹해서 여러 차례 시도하지만 뺨만 실컷 얻어맞은 채 내기는 끝난다. 기훈을 필두로 오징어 게임 참가자 100명은 같은 방식으로 게임 참가를 권유받고 처음에는 허무맹랑한 소리로 여기다 각자의 절박한 사정에 쫓겨 게임장에 들어서게 되는 것이다.

한 명만 살아남고 우승자가 모든 상금을 독식하는 서바이벌 플롯은 흔하지만 <오징어 게임>의 독특함은 여기에 가족이 강하게 결합된다는 점이다. 기훈은 돈과 가족이 결합된 가장 전형적인 사례이다. 우선, 자신이

쓴 신체 포기 각서에 발목이 잡혀 있고, 어머니는 당뇨 합병증으로 당장 수술을 하지 않으면 다리를 절단해야 할 위기이며, 재혼한 아내는 딸을 데리고 미국으로 이민을 떠날 수속을 밟고 있다. 또 다른 참가자들 중 탈북자 새벽(정호연)은 브로커에게 사기 당해 동생을 고아원에 맡겨 놓았으며, 상우(박해수)는 시장에서 장사하는 엄마의 자랑거리에서 투자 실패로 60억을 날린 채 특정경제사범이 되어 도망 중이다. 이들은 위급한 상황에서도 가족과 통화를 하고 몰래 집 앞에 가서 지켜보거나 마지막 순간에도 가족을 부탁한다. 6번째 게임인 오징어 게임을 하면서 상우는 "어릴 땐 이러고 놀다 보면 꼭 엄마가 밥 먹으라고 불렀는데…… 이젠 아무도 안 부르네."라고 추억을 떠올리고는 기훈에게 자신의 엄마를 부탁하고 최후를 맞이한다.

가족과의 연결고리가 없고 게임 참가 목적이 돈이 아닌 유일한 캐릭터 '일남'(오영수)은 드라마 최고의 반전이었다. 최종 우승자 기훈은 45억이라는 엄청난 상금을 받았지만 자신의 가족과 상우의 엄마를 위해서 일부 사용했을 뿐 나머지를 현금으로 예금한 채 정작 본인은 폐인처럼 살아가고 있다. 게임 종료 1년 후 기훈은 일남과 재회한다. 모든 것이 일남의 계획임을 알게 된 기훈은 도대체 왜 이런 끔찍한 일을 벌였는지 물어보는데 일남의 대답은 허망하다. 살면서 더 이상 재미있는 게 없어진 일남은 관중석에 앉아서는 절대 느낄 수 없는 기분을 위해서 직접 게임 참가자가 되었다고 설명한다. 죽기 직전의 일남은 마지막 게임을 제안한다. 거리에 쓰러진 노숙자를 상대로 인간은 과연 타인에 대해 관심과 호의를 베푸는지에 관한 내기이다. 결과적으로 기훈이 승리하지만 텔레비전에서는 가계부채가 증가하고 있다는 뉴스가 흘러나온다.

원래 게임은 생산과는 무관하게 즐거움을 위한 것이다. 게임에 몰입하면서 쾌감을 느끼고 승패에 만족을 얻는 게 게임이 주는 보상이다. 일정 금액을 넘어가는 판돈이나 경품을 사행성이라고 제한하는 이유도 게임 본래의 목적에 어긋나기 때문이다. 그런 면에서 보면, 〈오징어 게임〉은 게임과 생명, 돈과 가족을 잔인하게 엮어 놓은 드라마이다. 돈을 얻기 위해 생명을 걸어야 하고, 돈이 있어야 자신과 가족의 삶을 지킬 수 있는 잔혹 동화이다. 6개의 게임이 한국에서 1960~80년대 성장한 사람들이라면 익숙한 아이들 놀이라는 점 또한 인상적이다. '무궁화 꽃이 피었습니다', '설탕 뽑기', '구슬치기', '줄다리기', '징검다리 건너기', '동전 던지기' 같은 동심 어린 놀이를 생사를 결정하는 수단으로 활용한다는 설정이 해외 시청자들에게 신선하게 다가갔을 것이다. 유치하고 낯선 매우 한국적인 놀이 문화와 서구적인 서바이벌 게임, 거기에 신파적 사연을 담은 가족 서사까지 이 세 가지 요소는 〈오징어 게임〉을 성공시킨 핵심이다. 특히 주인공들이 엄마, 아내, 딸과 맺는 정서적 유대와 죄책감은 최근 K 콘텐츠의 단골 소재이다.

<정이>

엄마의 얼굴들, 희생과 학대 그리고 신데렐라

　글로벌 흥행 1위에 올랐던 K콘텐츠 중 〈정이〉(연상호, 2023), 〈더 글로리〉(넷플릭스 시리즈, 2022~2023)에는 매우 대조적인 두 엄마가 등장한다. 〈정이〉의 주인공 윤서현(강수연)은 35년 전 작전수행 중 식물인간이된 엄마의 뇌를 복제한 A.I. 전투 용병을 개발하고 있다. 급격한 기후 변화로 인류는 우주 쉘터로 이주해 살고 있으며 아드리안 자치국과 연합군 간의 내전이 40년간 지속되고 있는 2135년이 배경이다. 서현의 엄마 윤정이(김현주)는 한 번도 임무 수행에 실패한 적이 없는 용병이었으나 마지막으로 참여한 작전에서 부상을 입고 식물인간이 되었다. 서현은 엄마의 뇌를 복제한 A.I. 용병을 투입한 시뮬레이션 전투를 통해 엄마가 무엇

때문에 작전에 실패했는지 알아내려고 하는 중이다.

서현의 가족은 남성은 부재하는 할머니, 엄마, 딸로 구성되어 있다. 이들이 함께 등장하는 장면들은 기계적이고 차가운 느낌의 다른 장면들과는 대조적으로 인간적이고 따뜻한 분위기를 표출한다. 정이가 마지막 전투에 나가기 전 폐종양을 앓고 있는 딸과 인사를 나누는 장면이나 영화의 마지막 공중부양 버스에서 서현이 자신을 희생하여 엄마 정이 A.I.에게 자유를 주는 모습은 신파 코드의 정석이다. 아픈 딸과 노모를 돌보기 위해 무한 책임감을 갖고 있는 엄마 정이와 엄마의 헌신을 가슴 아파하는 딸 서현은 서로를 위해 희생한다. 〈정이〉에는 딸과 A.I. 엄마라는 관계와 정반대인 아버지와 A.I. 아들이 등장한다. 군수 A.I. 회사 크로노이드의 연구소장(류경수)이 실은 회장의 뇌를 복제한 로봇이라는 반전이 드러난다. 여기서 엄마-딸과 전혀 다른 아버지-아들의 관계가 펼쳐진다. 회장은 자신을 닮은 소장을 아끼고 지원하지만 어느 순간 자신의 장점보다는 단점을 더 많이 닮은 로봇 아들에게 실망하고 그를 폐기하려한다. 서현과 정이 A.I.는 비록 인간과 로봇이지만 현실에서와 같은 연대와 애정을 느끼는 반면, 회장과 소장은 그런 단계로까지 나아가지 못한다.

〈더 글로리〉에는 여러 유형의 엄마와 딸이 등장한다. 문동은(송혜교)의 엄마는 딸의 불행에 기름을 붓는 이기적인 인간이다. 동은은 "내 첫 가해자"는 엄마라고 말한다. 동은의 엄마는 딸 몰래 학교폭력 가해자들로부터 합의금을 받아서 내연남과 도주한다. 엄마가 동은의 고통을 이해하고 힘이 되어 주었다면 처절한 복수극은 탄생하지 않았을 것이다. 동은의 엄마는 공포영화의 살인마처럼 매번 되돌아와 동은의 발목을 잡는다. 악독한 엄마의 모든 표상이 담긴 인물이다. 동은의 가해자 연진(임지연)과 사라(김히어라)의 엄마는 동은 엄마와는 또 다른 악한의 모습을 보여준다. 연진과 사라의 엄마들은 딸을 위해서라면 무슨 일이라도 하는 사람들이다. 딸의 살인과 마약까지도 뇌물을 쓰고 공권력을 편취해서 은폐한다. 딸의 성공을 위해서라면 무엇이든 하는 이들은 진정 딸을 위해서 그러는 것은 아니다. 딸이 번듯한 직업을 갖거나 그럴듯한 예술가가 되어야 하고 돈이든 명예든 남부러울 것 없는 사위도 얻어야 자신의 체면을 세울 수 있기에 그들은 딸의 치부를 악착 같이 감춰준다. 하지만 결국 나락으로 떨어지는 순간이 찾아오면 이들은 딸을 외면한다. 자식을 전리품으로 여기며 도구적 관계를 맺는 이들의 모성은 허구적인 것일 뿐이다.

〈더 글로리〉에서 가사도우미 현남(염혜란)은 고전적인 통념에 가장 어울리는 엄마의 모습을 하고 있다. 현남과 딸 선아는 폭력적인 가장의 손아귀에서 서로를 보호하기 위해 눈물겹도록 애쓴다. 현남에 비해서 신파적이지 않더라도 전형적인 엄마들은 언제나 드라마의 중심인물로 자리 잡고 있다. 현남과 유사한 엄마로는 〈나쁜 엄마〉(JTBC 드라마, 2023)의 영순(라미란)을 들 수 있다. 힘든 환경이지만 씩씩하게 살아 온 영순은 남편이 일찍 세상을 떠나자 오직 아들 강호(이도현)만을 위해 살기로 결심한다. 강호는 엄마의 바람대로 검사가 되었지만 성공을 위해서라면 서슴없이 강자의 편을 들고 엄마도 버릴 것처럼 군다. 그런 자식까지 감싸던 영순은 사고를 당해 혼자서는 아무 것도 할 수 없는 처지가 된 강호에게 또다시 헌신하는 엄마로 돌아온다.

〈일타 스캔들〉(tvN 드라마, 2023)과 〈닥터 차정숙〉(JTBC 드라마, 2023)은 아줌마가 주인공인 대표적인 K콘텐츠다. 〈일타 스캔들〉은 핸드볼 국가대표 선수 출신 남행선(전도연)이 딸을 위해 치열한 사교육 전쟁 속으로 뛰어드는 이야기를 다루고 있다. 학원 한번 안 다녀도 늘 일등만 했던 딸 남해이가 수학 학원에 보내달라고 요청하자 행선은 난생 처음 수강신청 대란을 겪게 된다. 행선과 까칠한 수학 일타 강사 최치열(정경호)의 티격태격 러브라인이 가미되어 로맨틱 코미디 성격을 띠고 있기도 하다. 행선의 필살기 실력은 식욕 부진에 시달리는 치열의 입맛을 사로잡은 반찬 솜씨다. 알고 보니 해이가 조카라는 반전은 행선의 순수한 모성애를 돋보이게 한다. 〈일타 스캔들〉에는 살인사건 스토리 라인도 한 축을 구성하고 있어 〈스카이 캐슬〉(JTBC 드라마, 2018~2019)과 〈펜트하우스〉(SBS 드라마, 2020)에서 성공을 거둔 '입시 스릴러'의 플롯을 계승한다.

<닥터 차정숙>

　최근 K콘텐츠에도 여전히 '줌마렐라(아줌마 신데렐라)' 스토리는 강세를 보이고 있다. 〈내 생애 마지막 스캔들〉(MBC 드라마, 2008)의 흥행 이후 만들어진 '줌마렐라'라는 용어는 좀 시들해졌지만, 시집살이, 남편의 불륜이 밑바탕에 깔리고 능력 있는 연하남이 구애를 하는 드라마는 요리조리 변신을 하며 생명력을 이어가고 있다. 〈닥터 차정숙〉 역시 유쾌한 코미디 장르 관습 속에 여성의 자아실현과 모성의 문제를 풀어가고 있다. 자녀 양육을 위해 의사의 길을 포기한 차정숙(엄정화)은 20년 만에 다시 레지던트로 취업한다. 과외 한번 안 시키고 아들을 의대에 보낼 정도로 자녀 교육에 헌신했던 차정숙은 아내로 엄마로 며느리로 최선을 다한 세월이 허망하다는 걸 느낀다. 간이식 수술을 받고 죽다 살아나자 남편도 자식도 시어머니도 모두 이기적인 존재라는 사실을 깨달은 것이다.

정확히는 자신의 정체성을 가족이라는 이름의 타인에게 투사한 채 정작 자기중심 없이 살아온 진실을 마주한 것이라 할 수 있다.

〈닥터 차정숙〉은 〈종합병원〉(MBC 드라마, 1994~1996) 이후 명맥을 이어가고 있는 병원 드라마의 계보를 잇고 있기도 하다. 〈닥터스〉(SBS 드라마, 2016), 〈낭만닥터 김사부〉(SBS 드라마, 2016), 〈슬기로운 의사생활〉(tvN 드라마, 2020) 등 병원과 의사는 항상 인기 있는 소재로 현재는 〈낭만닥터 김사부〉 시즌3가 방영중이다. '줌마렐라'와 '병원'이라는 두 가지 흥행 보증 소재를 합성한 〈닥터 차정숙〉은 자체 최고 시청율 19.4%로 종영했다. 〈일타 스캔들〉과 〈닥터 차정숙〉은 '줌마렐라' 스토리와 '입시 전쟁' 혹은 '병원 드라마'라는 K콘텐츠의 치트키를 합성해 성공한 예이다.

구원의 존재, 아이

〈지옥〉(넷플릭스 시리즈, 2021) 시즌1의 마지막 에피소드는 부모가 아이를 끌어안고 지옥사자의 불길에 타는 모습으로 사건이 종결된다. 죽음을 예고 받은 아이를 지키기 위해 부모가 대신 희생되는 모습이다. 〈지옥〉은 죽음을 고지 받은 사람들이 이를 피하려고 하지만 결국 지옥사자의 무자비한 폭력에 부서지고 불타서 재가 되는 내용을 다룬 드라마이다. 희생자는 죄에 대해 국가의 법이 아닌 지옥의 형벌을 받는다. 그런데 죽음을 고지 받은 이들 중 예외적인 경우가 생기게 된다. 그동안 고지 받은 자들은 마약, 절도, 방화 등 크고 작은 죄를 지었던 것과 달리 아무 죄 없는 갓난아이가 고지를 받은 것이다. 아이의 부모는 아이를 지키기 위해 고지 받은 자들을 피신시켜주는 '소도'라는 조직과 접촉하지만 결국 사자와 맞닥뜨리게 된다. 아이의 부모는 자신들의 몸으로 아이를 감싸 필사적으로 버틴다. 사자들이 돌아가자 까맣게 타서 잿더미가 된 부모의 시체 안에서 아이 울음소리가 들린다.

종말론을 설파하는 사이비 종교를 소재로 한 〈지옥〉에는 기독교적인 코드가 다수 들어가 있다. 죄가 없이 고지를 받은 갓난아기는 인류의 죄를 대속하기 위해 십자가에 매달린 예수를, 재가 된 부모 품속에서 기적적으로 살아남은 아이는 마치 부활한 예수를 연상시킨다. 온 세상이 지옥으로 변하고 지구의 종말이 다가오는 상황에서도 천진무구한 얼굴을 가진 아이는 마치 인류를 구원할 메시아 같은 성스러운 느낌을 준다.

넷플릭스 제작으로 만들어진 한국 SF 〈승리호〉(조성희, 2021), 〈고요의 바다〉(넷플릭스 시리즈, 2021)는 '스페이스 오페라'라는 공통점이 있다. 우주 쓰레기를 처리해서 돈벌이를 하는 대원들의 이야기를 다룬 〈승리호〉와 달 탐사 기지국에서 벌어진 미스터리한 집단 참변을 조사하는 〈고요의 바다〉는 분위기도 프로덕션 디자인도 차이가 크다. 그럼에도 불구하고 인류를 구원할 열쇠를 쥐고 있는 여자아이가 중요한 역할을 한다는 공통점이 있다. 〈승리호〉에서 여자아이는 처음에는 수소폭탄이 내장

<승리호>

된 안드로이드로 알려지지만 실은 식물을 자라게 하는 신비한 능력을 갖고 있는 인간이다. 영화의 배경은 2092년, 지구의 사막화로 인류는 더 이상 지구에서 생존할 수 없어 우주 궤도에 콜로니를 만들어 이주하여야 하는 시대이다. 마치 〈토탈 리콜〉(폴 버호벤, 1990)처럼 이 영화에서도 초거대 기업의 설립자는 화성을 녹지화 할 수 있는 기술을 갖고 있지만 이윤을 추구하기 위해 다수의 인류를 희생시키려는 음모를 꾸민다. 그는 자신에게 걸림돌인 여자아이가 도망치자 위험한 존재로 둔갑시켜 제거하려고 한다.

〈고요의 바다〉 역시 지구의 해수면이 낮아지고 식수가 오염되어 물이 부족해진 근 미래를 배경으로 한다. 물(월수)을 찾으려는 프로젝트를 수행하던 달기지에서 대원 전원이 사망하는 사건이 발생하는데 기이하게도 시신은 모두 익사체였다. 달기지에서 사망한 언니의 흔적을 쫓기 위해 임무에 지원한 송지안(배두나)과 딸의 치료를 위해 합류한 탐사대장 한윤재(공유)는 기지 안에 정체불명의 여자아이를 발견한다. 모두 사망한 기지 안에서 혼자 5년을 살아온 아이는 상처를 입어도 곧 치유되는 초능력을 소유한 존재였다. 월수를 인류에게 공급하기 위해서는 풀어야 할 마지막 숙제가 있는데 아이는 그것을 해결할 수 있는 능력을 갖고 있다. 〈고요의 바다〉의 마지막 생존자는 여성 셋이다. 송지안과 홍박사, 신비한 여자아이 루나만이 지구로 귀환한다. 유사 아버지 역할을 했던 윤재는 끝내 자신을 희생하여 인류를 구할 루나를 살리고 지안에게 지구에 있는 자신의 딸을 부탁한다.

헌신적인 아버지, 비열한 남편

K콘텐츠에서 묘사된 아버지들은 양면성을 갖고 있다. 1970년대에서 2000년에 이르기까지 한국의 고도성장 시기에 산업 역군으로 가족을 위해 희생하는 모습과 세상과 불화하여 알코올 중독에 빠진 채 가정 폭력을 휘두르는 모습은 마치 동전의 앞뒷면처럼 동시에 떠오른다. 〈수리남〉(넷플릭스 시리즈, 2022)과 〈카지노〉 시즌1, 시즌2(디즈니 시리즈, 2022~2023)에는 그런 전형적인 아버지들이 등장한다. 〈수리남〉의 주인공 강인구(하정우)는 어린 나이에 부모를 잃고 일찍 세상에 눈을 뜬다.

<수리남>

그가 알게 된 '삶의 무게'는 '아버지의 무게'였다. 새벽에 비명횡사한 엄마 장례식장에서 눈물 한 방울 흘리지 않는 아버지를 이해할 수 없었던 인구는 아버지마저 과로로 사망하자 왜 아버지는 눈물을 흘리지 못했는지 깨닫는다. 이제 그는 어린 동생들을 돌봐야 하는 아버지의 자리에 섰기 때문이다. 인구의 아버지는 1970년대 한국의 가장의 고뇌를 보여준다. 가난한 나라의 가난한 가장인 인구 아버지는 1970년대 베트남전에 참전 했다 상이군인이 되어 5년 만에 귀국한다. 그리고 집에 온 다음 날부터 하루 4시간씩 자면서 6년 동안 레미콘을 운전했지만 가난을 떨쳐낼 수 없었다.

<수리남>

<수리남>은 윤종빈 감독이 추구해온 한국 남성 서사의 맥을 잇는 작품
으로 '수리남'이라는 지구 반대편으로 공간적 영역을 넓혔다. 고등학교를
졸업하자마자 인구는 낮에는 산에 막걸리를 지고 올라가 판매하고 밤에
는 단란주점에서 웨이터 일을 한다. 결혼을 하고 아이를 낳고 대출을 받
아 아파트를 사면서 중산층의 삶에 편입되는 듯 보였다. 카센터, 미군부
대 식자재 납품, 단란주점 운영까지 닥치는 대로 일을 하던 인구는 행패
를 부리는 공무원을 폭행해 버리게 된다. 구속될 위기에 처한 인구는 친
구가 제안한 홍어 사업을 하기 위해 들어 본 적도 없는 남아메리카 수리
남이라는 곳으로 떠난다.

<카지노>

　　중국계 조직폭력배에게 죽을 뻔하고 마약사범으로 감옥에 갇히는 등 온갖 고초를 겪으면서도 인구는 한국에 있는 가족들에게 어려움을 알리지 않는다. 집에 전화를 걸 때마다 아들의 학업에 대해 묻는 인구는 한국 가부장의 마지막 전형일 것이다.

　　<카지노> 시즌1, 시즌2(디즈니+ 시리즈 2022~2023)의 차무식(최민식)은 <수리남>의 강인구와 비슷한 연배로 1960년대 태어나 1980년대 대학 생활을 한 소위 한국의 '386세대'이다. 차무식은 감방을 들락거리고 알코올과 마약에 빠져 있는 아버지의 가정 폭력에 시달리며 성장한다.

생물학적 아버지는 천형과도 같았지만 차무식에게는 그를 보호해 주는 두 명의 유사 아버지가 존재한다. 한 명은 무식의 대학 진학을 후원해 준 고등학교 담임 선생님이고, 다른 한 명은 필리핀에서 카지노 사업을 할 수 있게 뒤를 봐 준 '빅 보스'이다. 대학 시절 우연치 않게 학생회장까지 했던 무식의 인생 유전은 한국 민주화 세대인 '386'의 씁쓸한 면모를 보여 준다. 찢어지게 가난한 집안에서 태어나 자수성가한 무식은 필리핀까지 흘러가 카지노의 대부가 된다. '돈'이라는 종교를 가진 무식이지만 한국에 있는 가족에게는 늘 좋은 가장이 되고자 노력한다. 이 점은 〈수리남〉의 인구와 굉장히 흡사한 태도라 할 수 있다. 느와르물인 〈카지노〉에서 무식은 결국 자신이 유사 아버지 역할을 떠맡았던 정팔(이동휘)에게 죽임을 당한다. 최근 흥행한 K콘텐츠에는 비열한 남편, 비굴한 사위들이 자주 등장한다. 〈재벌집 막내아들〉(JTBC 드라마, 2022), 〈퀸 메이커〉(넷플릭스 드라마, 2023), 〈가면의 여왕〉(채널 A 드라마, 2023)에는 재벌집 사위로 들어가 자신의 정치적 야망을 펼치려는 인물들이 한 명씩 포진되어 있다. 가부장적이지만 헌신적인 아버지들은 점차 사라지고 욕망 가득한 비열한 남편들은 늘어나고 있다.

2

여성
: 싸움판에 선 여자들, 참지 않고 죽지 않지

정민아

남자 이야기에서 여자 이야기로 옮겨가기

한국영화가 세련된 장르문법을 구사하며 세계적으로 주목받기 시작한 시점으로 보통 2003년을 꼽는다. 〈살인의 추억〉, 〈올드보이〉, 〈지구를 지켜라〉, 〈말죽거리잔혹사〉, 〈실미도〉, 〈봄 여름 가을 겨울 그리고 봄〉, 〈스캔들 : 조선남녀상열지사〉, 〈장화, 홍련〉, 〈바람난 가족〉. 지금 봐도 쟁쟁한 리스트이다. 봉준호, 박찬욱, 장준환, 유하, 강우석, 김기덕, 이재용, 김지운, 임상수 등은 현재 한국영화계를 이끄는 중견감독이 되었으며, 활동이 뜸하거나 고인이 된 소수를 제외하고 대부분은 세계영화계에서 환영받는 거물로 성장했다.

지금으로부터 꼭 20년 전인 2003년에 퀄리티 있는 영화들이 쏟아져 나오면서 한국영화는 질적으로나 산업적으로 한 차원 올라섰다. 이는 명실상부한 한국영화의 황금기를 선언하는 일이었다. 멜로드라마와 로맨틱 코미디가 존재감을 점차 잃어가는 사이 탄탄한 플롯 구성을 앞세운 스릴러가 떠올랐다. 그리고 오랫동안 한국영화 흥행장에서 중요한 요소였던 여배우 트로이카가 명맥이 끊어지면서 남배우 트로이카가 형성되어 강력한 영향력을 발휘하고 있었다.

2008년에 나온 〈추격자〉는 스릴러가 한국영화의 중심을 형성해가던 이러한 경향에 방점을 찍어버린다. 2003년과 2008년 사이에 흥행과 신드롬을 이어간 영화 리스트를 살펴보면 〈태극기 휘날리며〉, 〈늑대의 유혹〉, 〈달콤한 인생〉, 〈왕의 남자〉, 〈괴물〉, 〈사생결단〉, 〈화려한 휴가〉, 〈쌍화점〉, 〈좋은 놈, 나쁜 놈, 이상한 놈〉 등이 있다. 21세기 들어 한국영화는 장르적으로는 스릴러가 중심부로 들어섰으며, 남자 이야기, 남자배우 전성시대가 활짝 열리게 되었다. 〈장화, 홍련〉, 〈바람난 가족〉, 〈친절한 금자씨〉, 〈우리 생애 최고의 순간〉처럼 여성 서사나 여성감독들이 활약하기도 했지만 이는 주류적인 현상은 아니었다.

<추격자>

　그러면 한국영화가 남성 서사 중심으로 산업적으로 규모를 키워나가
던 시기인 2000년대 초중반에 신드롬을 일으킨 드라마를 살펴보자. 〈대
장금〉, 〈올인〉, 〈천국의 계단〉, 〈불멸의 이순신〉, 〈파리의 연인〉, 〈풀하
우스〉, 〈미안하다, 사랑한다〉, 〈내 이름은 김삼순〉, 〈궁〉, 〈연인〉, 〈커피
프린스 1호점〉, 〈이산〉, 〈아내의 유혹〉, 〈다모〉처럼 여전히 여성 시청층
을 겨냥한 여성 서사와 로맨스가 힘을 발휘하고 있었다. 그러나 〈하얀 거
탑〉과 〈베토벤 바이러스〉같은 남성 주연의 드라마가 보여준 엄청난 인
기를 빼놓을 수 없다.

　2000년대 콘텐츠 시장을 볼 때 놓치지 말아야 할 것이 버라이어티 예

능이다. 이때 예능은 팬층을 확보하면서 사회적 영향력을 발휘하고 있었다. 〈X맨을 찾아라〉, 〈무한도전〉, 〈1박2일〉, 〈무릎팍도사〉, 〈패밀리가 떴다〉, 〈남자의 자격〉, 〈런닝맨〉, 〈아빠 어디가〉, 〈꽃보다 할배〉, 〈슈퍼맨이 돌아왔다〉, 〈삼시세끼〉 등 선풍적인 인기를 누린 예능 프로그램들은 남자들의 시대를 선포했다. 남성 MC들이 프로그램을 이끌고, 남자 배우, 남자 가수, 남자 개그맨들이 출연진 대부분을 형성했으며, 여기에 여성 출연자들은 감초 같은 역할에 머물렀다. 여성 출연자는 외모로 평가되고, 애교를 펼쳐보이게 하거나, 연애 대상으로 바라보는 식의 숭배와 비하를 오가는 존재였다.

영화는 브로맨스가 대세를 형성하고, 예능에서는 남자들끼리 놀기, 남자들의 육아, 아빠와 자녀들의 여행, 남자들끼리 밥 해먹기 등 소소한 재미거리를 내세우고 있었지만 TV 드라마는 가족 소재의 일일극, 주말극 드라마가 여전히 건재하여 여성 시청자를 공략했다. 이러던 와중에 2010년에 OCN 방송사가 〈신의 퀴즈〉를 내세우며 범죄 소재 드라마를 제작하면서 본격적인 장르 드라마 시대가 열렸다.

2010년대에 접어들면서 방송계와 영화계가 기술적, 인적으로 교류하게 되었고, OCN의 〈뱀파이어 검사〉, 〈더 바이러스〉, 〈나쁜 녀석들〉, tvN의 〈나인〉, 〈시그널〉, 〈도깨비〉 등 장르물이 드라마 시장에서 본격적으로 팬층을 형성해 가고 있었다. TV 드라마는 가족 멜로드라마와 미스터리 스릴러가 두 축을 형성하면서 발전하고 시청층을 확대해 나갔다.

2016년 강남역 묻지마 살인사건과 2018년 미투 운동으로 자각하고 행동에 나선 여성들은 범죄, 정치, 사회를 넘어서 문화와 예술에로 관심을 확장했다. 먼저 이들의 눈에 띈 것은 브로맨스와 남성 서사로 점철된 한국영화였다. 그러던 중 2017년 8월에 개봉한 〈브이아이피〉에 대한 여성 관객 보이콧 사건이 일어나게 되었다. 이는 남성 영웅 대 여성 피해자 혹은 유혹자 구도에 대한 여성관객의 불만이 제기되기 결정적인 사건이었다. 2000년대 이후 멀티플렉스 시대가 본격화되고, 한국영화가 규모적, 질적으로 크게 성장하며 장르화로 안착된 시점에서 스릴러를 중심으로 남자 주인공이 맹활약하는 브로맨스 영화의 성장이 10년 이상 지속되었다. 언젠가는 터질 일이었다.

한국영화에서 여성 캐릭터가 소비되는 두 가지 모습, 즉 여성 캐릭터를 보호해야 할 약한 대상으로 그리거나, 남성 캐릭터의 성적 호기심을 불러일으키는 역할로 소극적으로 활용하는 현상에 대한 여성관객의 반감은 〈브이아이피〉에서 여성 캐릭터가 사이코패스 성향을 가진 남자 주인공의 잔혹함을 표현하기 위한 장치로만 오브제처럼 놓이고 마는 점을 보자 폭발했다. 〈미옥〉의 과도한 여성 노출 장면, 〈브이아이피〉의 '여성 시체 역' 엔딩 크레디트, 〈청년경찰〉에서 좋아하는 여성 뒤를 몰래 쫓는 장면 등에 대해 여성관객은 SNS를 통해 목소리를 모아 함께 소리질렀다.

2017년에 벌어진 한국 장르영화의 관습적 표현과 여성관객의 저항이 만들어낸 사회적 담론 맥락에서 여성관객은 새로운 자각으로 무장했다고 볼 수 있다. 여성 감독 영화, 여성 주인공 영화, 여성 서사 영화를 보고 지지하는 행동이 적극적으로 나타났는데, 이는 주류영화계에서 여성을 바라보는 시선에서 균형을 이끌어내는 계기가 되었다.

스마트미디어 시대가 이러한 담론 형성에 기술적 토대가 되면서, SNS 해시태그로 관객은 불만과 지지를 표현한다. 기존 영화제작 시스템에서 외면당했던 사회적 의제, 정치적 이슈, 소수자 문제와 관련된 담론이 관객 사이에서 확산되면서 이는 영화제작에도 반영되었다. 행동에 나서면 바뀔 수 있다는 것을 인식한 관객은 여성을 주인공으로 하는 〈아가씨〉, 〈미씽〉, 〈허스토리〉, 〈미쓰백〉, 〈걸캅스〉, 〈82년생 김지영〉, 〈정직한 후보〉, 〈벌새〉, 〈찬실이는 복도 많지〉, 〈삼진그룹 영어토익반〉 등의 영화를 심정적, 경제적, 물리적으로 지지하는 행동을 이어갔다.

영화를 비롯한 오늘날 미디어는 페미니즘 논의를 적극 수용하고 있고, 미디어 재현은 큰 영향력을 발휘한다. N차 관람, 영혼 보내기, 돈쭐내기 등으로 여성영화의 수익성을 보장해주는 현상을 보면서 미디어 제작자들은 충성도 높은 관객 확장이 중요하다는 사실을 깨달았고, 이는 여성영화가 시장에서 살아남을 수 있다는 사실을 새롭게 인식하게 해주었다.

못된 여자, 나쁜 여자, 사악한 여자

2020년 전 세계를 팬데믹으로 밀어 넣은 환경은 사회적 거리두기를 일상적인 것으로 받아들이게 했다. 이로 인한 강제적인 고립은 사람들로 하여금 안전제일을 가장 중요한 요소로 인식하게 했다. 사람이 모인 곳에 가지 않고, 재택근무와 비대면 접촉이 노멀이 되면서 영화관에 가지 않은 채 엔터테인먼트를 홀로 감상하고 즐기려는 사람들의 요구는 OTT의 폭발을 결과로 낳았다.

팬데믹 초기인 2019년에는 〈킹덤〉 시즌2가 우리나라 드라마로는 거의 처음으로 전 세계적인 신드롬을 낳으며 연일 화제가 되었다. 돌이켜 보면 지금은 기억이 가물가물해도 그 당시 엄청난 기사 양과 화제성을 보이며, 〈기생충〉의 칸 영화제 그랑프리에 버금갈 정도로 드라마계에서는 이례적인 일로 나날이 화제가 되었다. 지금이야 빌보드 1위, 칸 그랑프리, 오스카상 수상, 골든글로브 수상이 뉴스거리인지도 모르게 담담해져 버렸지만, 우리는 오랫동안 서양의 시선을 의식해왔다. 미국이, 유럽이, 일본이, 중국이 한국문화를 어떻게 평가하고 받아들이는가에 민감하게 대응해왔던 것이다. 이러한 모습을 반영하는 것이 유튜브의 '리액션 영상' 같은 사례다. 한국 영화, 드라마, 노래를 보고 들으면서 반응하는 그들의 모습을 바라보는 것 그 자체가 진기한 구경거리니까 말이다.

2019년 〈킹덤〉의 성공 이후 새로운 K콘텐츠들이 잇달아 세계적인 이슈로 떠오르고, 2021년에 〈오징어 게임〉이 정점을 찍은 후에도 흔하게 세계 1위 시청 기록을 보여주는 콘텐츠들이 뒤를 이었다. OTT 시리즈 시장을 K콘텐츠가 거의 2년 만에 평정한 셈이다. 그러면 팬데믹 이후 화제면과 시청률 면에서 성공적인 콘텐츠를 한번 살펴보자.

2020년에는 시리즈 〈경이로운 소문〉, 〈스위트홈〉, 〈인간수업〉, 〈펜트하우스〉, 〈부부의 세계〉, 〈더 킹 : 영원한 군주〉, 〈사이코지만 괜찮아〉,

〈비밀의 숲〉, 〈슬기로운 의사생활〉, 영화 〈콜〉, 〈남산의 부장들〉, 〈삼진 그룹 영어토익반〉, 〈반도〉, 〈다만 악에서 구하소서〉, 〈#살아있다〉, 2021년에는 시리즈 〈지옥〉, 〈D.P.〉, 〈오징어 게임〉, 〈괴물〉, 〈옷소매 붉은 끝동〉, 〈빈센조〉, 〈마이 네임〉, 〈갯마을 차차차〉, 〈유미의 세포들〉, 영화 〈자산어보〉, 2022년에는 시리즈 〈카지노〉, 〈더 글로리〉, 〈파친코〉, 〈소년 심판〉, 〈이상한 변호사 우영우〉, 〈수리남〉, 〈우리들의 블루스〉, 〈슈룹〉, 〈나의 해방일지〉, 〈스물다섯 스물하나〉, 〈작은 아씨들〉, 영화 〈헌트〉, 〈범죄도시2〉, 〈헤어질 결심〉, 2023년에는 시리즈 〈일타 스캔들〉, 〈퀸메이커〉, 〈나쁜 엄마〉, 〈닥터 차정숙〉, 〈종이달〉, 〈택배기사〉, 영화 〈스마트폰을 떨어뜨렸을 뿐인데〉, 〈교섭〉, 〈범죄도시3〉 등을 꼽을 수 있다.

팬데믹을 거치면서 한국영화는 회생이 어렵게 보일 정도로 산업이 무너지고 있고, 드라마 시장은 이에 비례하여 안정적으로 꾸준히 성장해가고 있다. 위 리스트에서 글로벌한 흥행과 국내의 화제성을 모두 고려하여 대표작을 뽑아보자면, 2020년 〈킹덤〉 시즌2, 2021년 〈오징어 게임〉, 2022년 〈이상한 변호사 우영우〉, 2023년 상반기 〈더 글로리〉로 모아지는데 거의 동의할 것이다.

팬데믹 이후 3~4년간의 흐름을 고려해볼 때, 팬데믹 초기에는 사회비판적 주제의식을 가지고 있으며 상황과 볼거리가 강렬한 익스트림한 장르가 중심에 있었다면, 포스트코로나 시기가 되면서 점점 현실 배경과 일상의 이야기를 기반으로 한 따뜻한 메시지가 담긴 콘텐츠가 많이 보인다.

<펜트하우스>

물론 이러한 일반화는 거칠어서 다양성을 담아내지 못하는 언급일 수밖에 없지만, 그럼에도 어떤 흐름이 감지됨을 알 수 있다. 이미 글로벌 시장에서 수용되는 K콘텐츠이니만큼 범위와 규모가 크고 양적으로도 많아서 K콘텐츠에는 없는 게 없다. 그래서 어떤 주장을 하려면 언제나 반박이 가능할 것이다. 그러나 필자는 저 리스트에서 재미있는 현상을 발견하였다. 앞서 서두에서 길게 썼듯이 남자들의 서사가 한국영화 주류를 형성하던 상황의 빗장이 무너지고 점차 넓게 퍼지면서 성별 주체가 다양해지고 여성 서사가 중심부를 향해 모여드는 것에 대해 말했다.

BTS와 엑소의 승자 대결로 모아지던 K팝 시장에서 2020년에 블랙핑크, 잇지, 트와이스, 마마무, 레드벨벳, 오마이걸, 에스파 등이 걸그룹 대전을 펼치며 판도를 걸그룹 중심으로 바꾸어나갔다. MZ세대 트렌드가 유행하면서 2000년대생이 주축을 이루는 4세대 걸그룹이 K팝 시장을 이끌고, 아이브와 뉴진스의 성공이 눈에 띈다.

예능에서도 서서히 변화가 감지된다. 여성 예능이 장기간의 침체를 이겨내고 2020년대 들어서면서 전성기를 맞이하고 있는 중이다. 이는 여성 예능인들의 절치부심의 노력이 드디어 결실을 맞이한 것인 동시에, 슬랩스틱, 게임, 러브라인, 관찰 등이 주를 이루던 남성 예능에서 입담과 고민 해결류의 예능으로 트렌드가 바뀌는 가운데 이루어진 일이다.

2020년 〈노는 언니〉, 〈놀면 뭐하니?-환불원정대〉, 〈요즘 육아 금쪽같은 내새끼〉, 2021년 〈스트릿 우먼 파이터〉, 〈골때리는 그녀들〉, 2022년 〈뿅뿅 지구오락실〉, 2023년 〈댄스가수 유랑단〉 등 여성 개그맨, 여성 가수, 여성 스포츠선수, 여성 배우뿐만 아니라 여성 전문인의 활약이 예능에서 두드러진다. 놀이와 체험, 관찰 보다는 거침없는 수다, 고민과 상담이 많은 부분을 차지한다. 그러면서 동시에 몸을 쓰고 땀 흘리는 여성들의 체험도 중요한 부분을 형성한다. 여성 스포츠 인들이 등장하는 〈노는 언니〉, 쎈 언니 이미지의 여가수들로 이루어진 〈환불원정대〉, 여성 댄서들의 피 튀기는 대결을 담은 〈스트릿 우먼 파이터〉, 거칠게 축구하는 여성 연예인들의 〈골때리는 그녀들〉의 선풍적 인기는 방송에서 여성 출연진을 대하는 방식이 달라졌음을 확실히 보여준다.

이제 여성은 남자를 보조하는 역할만 하거나 연애의 대상에 머무르지 않는다. 추켜 세워줘야 할 약한 존재가 아니며, 순수함과 착함으로 무장하지도 않는다. 강도 높게 발언하고 와일드하게 행동하는 걸크러시이며, 자신을 세상의 중심으로 여기는 나쁜 여자가 기꺼이 되어간다.

세상이 달라지듯 콘텐츠 산업도 차츰 달라지는 분위기가 형성되면서 '강한 여성들의 싸움판'이 시대정신으로 부상했다. 스릴러 영화에서는 여성이 아픈 아내, 룸살롱 마담, 희생양, 미숙한 동료로 등장하기 일쑤였던 것에 반발한 수용자와 창작자가 합을 맞추듯이 공기가 바뀌었다. 너무 착해서 안쓰럽고, 주인공의 발목을 잡는 여성 캐릭터가 서서히 지겨워지자, 그에 대한 대안으로 콘텐츠의 여성들은 강해지고 못되고 때로는 사악해져 갔다.

주인공도 빌런도 여자인 시대, 판을 그리다

〈펜트하우스〉의 주인공 세 여성들은 누가누가 더 세고 더 사악한지 대결한다. 욕망을 드러내며, 음모를 꾸미고, 세상을 쥐락펴락하고, 힘도 세다. 자신의 미와 재능을 성공을 위해 마구 과시하며, 복수를 행하고 부를 쟁취하기 위해 온갖 일을 꾸미는 데 거침이 없다. 서울 최상류층이 모여 사는 펜트하우스에서 벌어지는 경쟁 자본주의 한 복판의 온갖 추악함을 담은 이 드라마는 모든 여성 캐릭터들을 긍정하지는 않는다. 빈부격차와 학교폭력, 입시전쟁 등 사회와 교육 문제를 다룬 드라마로 위화감을 만들어내기에 충분하지만, 이 드라마가 엄청난 화제를 몰고 온 것은 우리 모두가 감추고 있던 욕망, 우리 모두가 향하고 싶은 높은 곳을 그대로 펼쳐 보이며 현대인들의 위선을 꼬집고, 집착할수록 파괴되는 인간성을 날 것 그대로 보여주었기 때문이다.

〈부부의 세계〉에서 남편의 불륜으로 가정이 파괴되고 배신감에 고통받는 주인공은 병원 부원장이라는 지위와 두뇌, 인맥을 한껏 활용하여 전남편을 응징한다. 유부남을 사랑한 상간녀는 뻔뻔하게도 용서를 빌지 않고, 사랑을 쟁취하기 위해 갖은 노력을 다한다. 그 노력은 편법이나 부도덕이 아니어서 때로는 이해받기도 한다.

〈소년 심판〉에서 소년범을 혐오하는 주인공 판사는 범죄에 대해 무거운 처벌을 내리는 워커홀릭이다. 그러나 이 여성이 공감을 얻는 이유는 의문이 가는 사건에는 수사관이나 검사에 버금갈 정도로 악착같이 파헤쳐서 억울한 사람이 없게 만들기 위해 최선을 다하는 공정의 아이콘이기 때문이다. 죄에 상응하는 벌을 매기고, 억울한 피해자는 없도록 제도 안에서 최선을 다하는 인물이 주는 위안이 있다. 어린 여자라고 범죄가 허술하거나 금방 회개하지도 않는다. 잔인하고 악하며 갱생되지 않는 어린 여성 범죄자의 등장은 극에 리얼리티를 강화한다. 이런 표현은 미디어에서 그간 보지 못했기에 오히려 신선하게 다가온다. 김혜수가 분한 공정한 냉혈한은 유전무죄, 불공정과 비리가 판치며 악이 기승을 부리는 현실에서 어찌 보면 희망으로 보인다.

〈더 글로리〉는 자신을 괴롭힌 가해자를 추적하여 그가 몰락할 때까지 놓지 않는 집요함이 시청자에게 대리만족의 쾌감을 선사한다. 지고 마는 약한 캐릭터, 인내하고 용서하는 캐릭터, 도덕성과 정당성을 가졌다고 스스로 위안하는 캐릭터, 사회의 법과 정의를 믿으며 일어서는 캐릭터, 이런 캐릭터를 그간 많이 봐왔다. 법은 우리 편이 아니고, 악당은 스스로 몰락하지 않는다. 용서해봐야 내 속만 끓이고, 착하게 살아봐야 바보가 될 뿐이다. 현실에서 이루지 못하면 판타지 세계에서라도 보상받아야 하는 법이라 우리는 〈더 글로리〉 같은 드라마를 그간 기다려 왔을지도 모른다. 가해자를 응징하기 위해 수도자처럼 오랜 세월 도 닦듯 능력을 키우고, 돈을 모으고, 사람을 찾아서, 철저하게 계획한대로 행하는 인물은 현실의 무능력한 우리에게 대안적인 위로를 준다. 머리가 좋고, 건강하고, 아름다워야 복수도 성공할 수 있다는 무력감을 주지만 그러면 어떤가. 현실에서는 가능하지 않을 것 같은 일인, 악한 부자와 맞짱 뜨는 착한 서민의 모습을 응원할 수밖에 없다.

〈작은 아씨들〉과 〈퀸메이커〉도 〈더 글로리〉처럼 주인공도, 빌런도, 조력자도, 방해자도 모두 여자들로 이루어진 여자 캐릭터 드라마다. 로맨스가 있지만 주요 플롯은 아니다. 선한 남자와 악한 남자들도 있지만 주요 갈등은 여자들 사이에서 나온다.

〈퀸메이커〉에서는 재계와 정치계를 움직이는 큰 손, 정의구현을 위해 정치에 뛰어드는 자, 한때 기득권의 편이었지만 그 안에서 자신은 소모품에 불과하다는 것을 깨닫고 이 구도를 정치로 바꾸기로 결심한 킹메이커 등 주인공과 빌런, 조력자가 모두 여성이며, 이 여성들은 모두 무시무시한 힘을 내뿜으며 경합한다.

<퀸메이커>

지금 K콘텐츠에서 착한 여자를 위한 자리는 없다. 〈이상한 변호사 우영우〉의 주인공은 자기 세계에 갇혀 자신만 보는 자폐 캐릭터이다(점차 타인과의 연대에 눈뜨게 되지만). 〈사이코지만 괜찮아〉의 주인공은 사이코패스로서 남들은 도달할 수 없는 작가적 상상력을 펼친다. 〈마이 네임〉의 주인공은 경찰(경찰로 오인된 자)에게 살해된 아빠의 복수를 위해 경찰관이 되어 조직 내부로 들어가 살인도 불사한다.

엄마는 나쁘고(〈나쁜 엄마〉), 아내는 다른 사랑을 찾는다(〈종이달〉). 남편의 불륜은 결코 용서하지 않고(〈닥터 차정숙〉), 권력을 탐하기 보다는 여성들을 끌어안는 대모가 되는 길을 향한다(〈슈룹〉). 나의 파트너는 내가 먼저 나서서 찾아내고(〈나의 해방일지〉), 내 마음 속의 요동에 귀를 기울이고 그 요동대로 움직인다(〈유미의 세포들〉). 불행한 환경을 스스로 박차고 나아가고(〈파친코〉), 여자들의 연대가 살아 있는 세상을 만들어 간다(〈우리들의 블루스〉).

여성들의 복수와 야망을 그린 콘텐츠가 인기이며, 여성 예능이 대세이고, 여성 K팝 스타가 세계적인 음악축제의 메인 출연자로 등장한다. 조금씩 바뀌어가던 것이 2023년에는 훌쩍 달라졌다고 느낀다. 제1 역할, 제2 역할, 제3 역할을 모두 여배우가 맡는가 하면, 흥행이 안 된다는 이유로 여성을 배제했던 일은 이제 옛일로 체감된다. 여성의 사회적 진출이 높아지면서 시대가 변했고, 페미니즘의 물결과 함께 여성 스스로 인식이 변했다. 용감하게 발언하고 주체적으로 행동하는 여성이 아름답다는 인식이 퍼지고, 여성 소비자들은 더 이상 참지 않는다. 여성 소비자의 변화에 제작자들은 비즈니스상의 이유만으로도 바뀔 이유가 충분하고, 여성 제작자와 창작자의 비중은 계속해서 높이지고 있다.

위에 언급한 콘텐츠들은 여성을 선이나 악으로 가두지 않는다. '여성의 적은 여성이다.'라는 관념을 깨면서 여성들이 연대하기도 하지만, 권력을 쥔 여성의 사악함도 정면에서 보여준다. 권력에는 젠더가 없으며 옳은 것과 불의한 것이 있다는 점을 대개는 보여준다. 정의로운 여성, 최고 빌런인 여성, 영리한 여성, 불안한 여성, 위선적인 여성 등 다양한 여성의 모습이 K콘텐츠 안에 있다. 사랑 때문에 희생하고 스스로 주저 앉아버리는 선택을 하면서 누군가의 발목을 잡아 시청자를 복장 터지게 했던 그런 고답적인 캐릭터가 아니어서 응원하게 된다.

온통 여자들의 이야기인 K콘텐츠가 과도하게 보이며, 덜 떨어진 남성들을 보며 낄낄 거린다고 거부감을 느낄 필요는 없다. 여성 서사에 대한 편향적 지지만 있는 것은 아니다. 남자들의 이야기이지만 여성 캐릭터를 인격적으로 공정하게 다루거나, 여성 캐릭터에 대한 도식적 재현이 없는 콘텐츠는 여전히 많은 여성들의 사랑을 받는다. 〈범죄도시〉에서 악에는 강하지만 평소에는 부드럽고 귀여운 마형사, 〈오징어 게임〉에서 여성을 존중하고 동료로서 대하는 남자 참가자, 〈괴물〉에서 연쇄살인의 대상이 되는 여성 피해자들의 아픔에 공감하여 스스로 괴물이 된 남자 경찰, 〈헤어질 결심〉에서 사랑을 숨길 수 없이 속고 마는 남자 형사, 〈비밀의 숲〉에서 여성을 연애의 대상이 아니라 서로 정보를 주고받으며 돕는 진정한 동료로 대하는 남자 검사 캐릭터들을 여성 시청자가 얼마나 사랑하는지 알아야 한다.

도식적인 틀을 부수고 고정관념을 깨면서 발전하는 캐릭터가 여성에게서 많이 나오는 것은 어쩔 수 없다. 오랫동안 주변부 자리에서 웅크리고 있던 자의 깨어남이 더 큰 쾌감과 감동을 주기 때문이다. 여성 서사라고 모두 환영 받는 것은 아니고, 남성 서사라고 모두 식상한 것은 아니다. 넘쳐나는 콘텐츠의 바다에서 선택지는 무궁무진하므로 신선함으로 무장한 콘텐츠를 찾아 헤엄칠 기회는 많다.

한류 현상은 어쩌면 '여성의 시선'으로 세상을 바라보는 눈을 제시했기 때문일지도 모른다. 고전적인 로맨스 드라마처럼 보이는 〈사랑의 불시착〉이나 〈신사와 아가씨〉, 〈갯마을 차차차〉, 〈스물다섯 스물하나〉도 여성의 시선으로 보는 가족, 이웃, 사건, 역사가 세계인에게 새로움으로 다가간다. 히어로에 의존하는 것이 아니라 평범한 인물이 공동체 연대를 통해 큰 문제를 해결하는 방식 그 자체로 K콘텐츠는 대안적으로 보인다. 장르적 재미 안에 사회비판적 메시지가 담겨 있는 점은 K콘텐츠가 가진 여전히 거부할 수 없는 큰 미덕이다.

중년 여배우와 할매 전성시대

2023년에는 이전과 비교하여 눈에 띄게 달라진 놀라운 점이 포착되었다. 그것은 바로 '중년여성들의 대활약'이라는 점이다. 〈슈룹〉의 김혜수, 〈우리들의 블루스〉의 이정은, 〈일타 스캔들〉의 전도연, 〈퀸메이커〉의 김희애, 〈종이달〉의 김서형, 〈닥터 차정숙〉의 엄정화 등 오십대 여배우들의 맹활약을 보면서, 중년 여배우들의 전성시대가 난생 처음으로 온 것 같다고 생각했다. 〈나쁜 엄마〉의 라미란, 〈퀸메이커〉의 문소리, 〈더 글로리〉의 송혜교, 〈비밀의 숲〉의 배두나, 〈펜트하우스〉의 김소연과 이지아, 〈박하경 여행기〉의 이나영 등 사십대 배우들까지 더하면 4050 여배우가 K콘텐츠를 휩쓸고 있다는 게 실감난다. 〈마당이 있는 집〉의 김태희, 〈마스크걸〉의 고현정과 염혜란, 류승완의 신작 영화 〈밀수〉의 김혜수와 염정아, 김지운의 신작 영화 〈거미집〉의 임수정 등이 기다리고 있어, 2023년 하반기와 2024년까지 중년 여배우들의 활약상은 지속될 것으로 보인다.

예전 같으면 시어머니나 할머니 역으로 넘어가도 이상하게 보이 않을 사오십대 여배우들이 극의 주인공이 되어 주도적으로 활약하는 여성의 삶을 연기한다. 비록 극에서는 훨씬 젊은 나이대의 배역을 연기하고 있지만, 오십대 여배우 주연이라는 상황을 본 적이 별로 없어서 얼떨떨하다. 그간 콘텐츠에서 2030 젊디젊은 본부장, 실장, CEO가 당연시되던 것에서 이제는 중년 캐릭터를 내세워 사회 시스템의 주류를 현실적으로 보여주는 방식으로 바뀌어가고 있다.

팬데믹 시기에 글로벌 순위 상위권에 올라 세계적 화제를 모았던 콘텐츠를 통해 청춘 배우들이 새롭게 발굴되고 스타가 되어가는 과정을 보는 것이 일상적이었다. 그러나 포스트코로나 시대인 지금 콘텐츠 시장에서 중년의 활약상을 보고 있자니, 중년 세대가 OTT에 비로소 완전히 적응한 것 같다. 영화관이나 공중파와 같은 오래된 플랫폼이 OTT 스트리밍이라는 새로운 플랫폼에게 주도권을 내주고, 팬데믹 이후 이러한 현상을 주도했던 MZ 세대의 콘텐츠 수용 습관이 전 세대로 확산되면서 OTT가 중년 세대를 주요 소비자로 인식하고 있는 것이다.

하지만 OTT의 주요 시청층이 중년에게로 완전히 넘어갔다고 단언하기는 힘들다. 젊은 세대가 주 시청층이었던 것에서 시청층이 넓게 펴졌다고 이해해야 한다. 여기에 또 하나 간과할 수 없는 것은 젊은 세대도 중년 배우들의 활약을 보며 즐거워 한다는 점이다.

예능 <뜻밖의 여정>의 배우 윤여정

오랫동안 경력을 쌓으면서 실력과 신뢰를 형성하고, 자기 관리도 뛰어나서 주연을 맡기에 충분한 연기력과 미모를 유지하는 중년여성은 젊은이의 존경을 받는다. 몰입도를 높이는 뛰어난 연기력과 매력 충만한 외모가 있고, 거기에 많은 나이가 주는 인상은 실망이 아니라 놀라움과 감탄이다.

중년여성에서 더 나아가 지금은 '할매 전성시대'라고 강조하고 싶다. 최초의 한국인 오스카 배우 수상자가 되었으며, 〈미나리〉와 〈파친코〉를 거치면서 코리언 디아스포라의 얼굴이 된 칠십대 원로배우 윤여정은 연기력뿐만 아니라 재치 있는 말솜씨와 패션 감각으로 한국인들을 사로잡았다. 윤여정 신드롬은 2020년에서 2021년 사이에 생겨났는데, 윤여정처럼 젊은 사고와 센스 있는 감각으로 젊은이와 소통하는 할머니들이 여기저기에서 등장했다.

76세 박막례 할머니는 100만 명이 넘는 유튜브 구독자를 이끄는 크리에이터로 구수한 사투리를 구사하며 젊은이들에게 친근하게 다가섰다. 꼰대스러운 노년의 이미지와 달리 남의 눈치 보지 않고 솔직담백하게 이야기하고, 다양한 시도를 하면서 활기차게 살아가는 모습은 젊은 구독자들의 열광을 낳았다. 박막례 할머니는 K할머니 열풍을 일으킨 장본인으로서 미국 구글 본사에 초청받기도 했다. 70대 패션 유튜버 밀라논나(본명 장명숙)는 밀라노에서 유학한 최초의 한국인 디자이너로 우아하고 심플한 삶의 방식이 젊은이들과 소통하는 무기이다.

영화 〈영웅〉의 나문희, 〈파친코〉의 김영옥은 현역 원로배우로서 오랫동안 팬들의 사랑을 받고 있다. 이들 유명인 할머니만이 아니다. 용감한 행동과 묵묵한 삶의 귀감을 전한 일본군 '위안부' 할머니, 활기차게 한글학교에 다니는 시골 할머니, 맛있는 밥을 제공하는 식당 욕쟁이 할머니, 엄마보다 더 엄마 같은 외할머니. 할매는 지금에서야 전성시대가 아니라 우리는 언제나 할머니에게 빚지고 있다. 이 황량한 시대에 와서야 보석 같은 아름다움을 발견했을 뿐.

현실의 부조리를 소재로 하여 만들어진 여성들의 싸움판에서 어떤 선택을 해야 멋지게 사는 것인지 다시 생각해보게 하는 콘텐츠들이 있어

기쁘다. 여성들의 대결과 협력을 극의 전면으로 내세우는 서사가 통하는 시대가 되어서 좋다. 나이 듦에 대한 혐오, 아줌마 혐오를 훌훌 벗어던지고 여전히 주역으로 활약하는 여성들이 있어 세월이 간다는 것이 두렵지 않다. K콘텐츠를 보는 또 하나의 재미는 여성들의 멋스러움이 여러 얼굴을 하고 있다는 점이다.

3

젊은이
: 성난 얼굴을 한 청소년과 청년

정민아

위태로운 MZ세대, 디지털 문화를 주도하다

팬데믹과 'MZ세대'라는 단어는 이상하게도 한데 묶였다. 젊은 층, 신세대, 청년이라고 불렸던 명칭을 MZ세대로 퉁 치면서 미디어, 언론, 정치는 젊은이들을 호출했다. 세대론은 어느 시대에나 등장했고, 신구세대가 겪는 갈등은 고대 철학자 소크라테스도 지적했다. "사치, 무례, 권위에 대한 경멸, 연장자 무시, 운동을 멀리하고 말이 많은 것"이라며 젊은

이를 보며 혀를 끌끌 찰 노철학자의 쓴웃음이 그려진다. 그렇다고 지금의 젊은 세대가 이전과 같다고 할 수는 없다.

청소년에서 성인으로 넘어가는 시기에 겪은 사건은 한 사람의 일생에 지대한 영향을 미치므로 한 시대를 공유하는 세대는 분명 어떤 특징을 가진다. 헝가리 사회학자 카를 만하임이 "각 세대는 공통적이고 충격적인 경험을 통해 형성되는 사회적 정체성을 가진다"고 정의 내리는데, 10대 후반에서 20대 초반에 겪은 중요한 사건은 일생의 어느 시기보다 큰 영향을 미치며 그 사람의 가치관과 철학을 형성하기 쉽다. 그런 면에서 세대론은 가치가 있다.

1981년부터 1996년까지 출생한 밀레니얼 세대와 1997년부터 2010년 초에 출생한 Z세대, 근 20년의 나이 갭을 무시하고 한데 묶는 게 이상하지만, 기성세대에 저항하는 젊은 세대라는 의미에서 MZ세대 한 묶음은 말이 되기도 한다. 바야흐로 정치의 계절이던 총선이 실시된 2020년과 대선이 실시된 2022년 사이에 MZ세대론은 전면에 부상했다. 이 시기는 팬데믹 시기와도 정확하게 겹친다. 정권교체를 원하는 집단은 현 정권이 젊은이의 박탈감을 강화했다고 주장하고, 정권유지를 원하는 집단은 MZ세대를 위한 정책을 내놓은 집단은 바로 자신임을 주장했다.

빈곤은 위계적이지만 바이러스는 모두에게 평등하다. 선진국, 개발도상국, 후진국에 평등하게 바이러스는 전파되었고, 젊은이나 나이들은 이나 상관없이 바이러스 공격에 취약했다. 반면에 코로나19는 세대를 나눠서 서로 반목하게 만들었다. 코로나는 나이 든 이에게 더 치명적이었고,

나이가 어릴수록 큰 영향을 미치지 않는다는 점이 밝혀지자 방역 상황에서 세대 간 대결 양상이 펼쳐졌다.

이러한 양상은 한국과 동아시아 국가 보다는 서유럽과 북미, 이른바 선진국에서 더 도드라졌다. '부머 리무버(boomer remover)', '오케이 부머(OK, bommer)' 같은 단어가 밈을 타고 세계적으로 유행했다. 우리말로 고치면 '꼰대 제거제', '녜녜, 꼰대님' 정도가 될까. 베이비부머와 X세대에 대항하는 MZ세대의 부상은 팬데믹으로 인해 가속화되었다.

콘텐츠를 이야기하는 이 글에서 세대론을 꺼내는 이유는 K콘텐츠가 세계 대중문화를 이끄는 데에 전 세계 젊은이의 힘이 있다는 점을 이야기하고 싶어서이다. 2008년 글로벌 금융 위기에 중국이 경제적으로 막강한 위치에 올라섰듯이, 한국은 2020년 팬데믹이라는 위기상황에서 대중문화를 이끌며 막강해졌다.

팬데믹, 젊은이, 대중문화, 한류는 관계성에서 어떤 서사를 구축한다. 마치 영화 속 유니버스처럼 말이다. 자가격리와 봉쇄 조치로 인해 사람들은 집에 머물게 되었고, 오프라인에서 벌어지던 일상은 온라인으로 급격하게 이동하였다. 여기에는 기술 변화가 필연적으로 따라야 하고, 기술 변화는 사회변화 속도를 가속화시킨다. 집안에 머물게 된 사람들은 불필요한 이동이나 관계가 사라진 시간에 갖가지 취미를 개발해야 했고, 미디어에 훨씬 자주 접속했다. 목숨이 오가는 위기의 상황에서 사람들은 진지한 담론 보다는 가볍게 보고 넘길 대중문화 콘텐츠에 목말라 했다.

21세기에 진입한 지 20년 만에 이제야 디지털 세상이 본격화됨을 선언

한 팬데믹 상황에서 주도권은 젊은이들에게 넘어갔다. 각 세대들은 물리적, 디지털적으로 서로 다른 일상과 문화를 이루어가므로 기술 변화란 세대 간 단절을 더욱 강화할 수밖에 없다.

정치적으로 MZ세대로 호명되지만 이 안에서도 문화적으로는 더 쪼개진다. 트렌드분석가인 김용섭이 구분하는 것처럼 MZ이라기 보다는 1990년에서 2003년 사이에 태어난 코어 MZ세대가 당면 문제에 적극적인 목소리를 내며 주도했다. 몇 년이 흐른 포스트코로나 시대인 지금 Z세대라고 명명해도 어색할 것은 없을 것 같다.

Z세대는 1997년에서 2010년 정도에 출생한 이들로, 포스트 IMF 출생자이며, 10대로 접어든 청소년기에 스마트폰을 접한 실질적 디지털 네이티브다. Z세대는 10대와 20대 중반, 중고생과 대학생까지 아우르는 세대 분류인데, MZ세대 구분의 무용론이 이야기되는 것처럼 몇 살부터 몇 살까지는 Z다, 라고 하는 것은 모호한 일이다. 언젠가 88만원세대가 세상을 향해 울부짖었고, 90년대생이 몰려왔으며, MZ세대가 급부상했듯, Z세대 역시 자연스럽게 사회를 향해 목소리를 크게 내는 젊은이들을 지칭하기 위한 편의적 구분법이다.

다시 콘텐츠 논의로 돌아와서 보자면, 팬데믹으로 인해 모든 것이 온라인으로 대체되는 상황에서 MZ세대는 갈고닦은 힘을 발휘했다. 그들은 이미 OTT로 콘텐츠를 보고, 온라인 수업에 익숙했으며, 장보기와 쇼핑을 스마트폰으로 하고 있었다. 기성세대는 우왕좌왕 했고, 젊은 세대는 그마나 좀 나았다.

팬데믹은 위계를 뒤흔든 일종의 혁명이다. 크게 국가 단위로 볼 때, 어쩌면 이 위기의 시간을 기회로 가장 잘 활용한 나라가 대한민국일 것이다. 내부로 들어와서 자세히 보면 온갖 모순덩어리가 가득해도 말이다.

전 세계가 근대화된 이후 200여 년간 문화적 패권은 서구에 쭉 있었다. 그 중에서도 서유럽과 북미는 오랫동안 문화의 중심을 차지했다. 1960년대 청년문화의 영향으로 인도 문화에 대한 관심이 증폭된 시기가 있었고, 1980년대에 일본 문화가 세계를 강타한 적이 있지만 이는 전방위적이지 않았고 일부에 한정되어 있었다. 하지만 2020년 이후 한류는 문화의 서구중심주의를 뒤흔들었다. 스마트폰이 몸의 일부가 된 Z세대는 팬데믹이 주는 급격한 혼란을 피해 K콘텐츠를 적극 수용하였는데, 이는 아시아권뿐만 아니라 유럽, 남미, 아프리카 등 대륙을 불문하고 국경을 넘어 전파되었다. 비서구 국가가 문화의 중심부로 들어선 사례는 근대화 이후에 찾아보기 힘든 낯선 현상이다.

중국, 일본, 태국은 있는데 우리만 세계영화제 그랑프리가 없는 영화, 음악성 없는 상품 취급을 받는 아이돌이 대부분인 팝, 막장이라고 무시당하는 드라마, 문화적 확장성이 있을지 의심받는 한국에만 있는 웹툰이 일을 냈다. 팬데믹 시기에 일상으로 완벽하게 들어온 온라인 플랫폼을 통해 K콘텐츠는 촘촘하게 연결되어 있는 MZ세대의 손을 타고 폭발적으로 확산되었다. 그것도 전 세계로 말이다. 기성세대는 지금도 이 현상을 믿기 어려워한다. 서구나 일본이 아닌 변방의식으로 가득한 한국이 세계 문화시장을 주도하고 있는 것이 현실이라니.

전 세계 90년대생, 2000년대생은 K콘텐츠를 발견하고 애정을 가지고 소비한다. K콘텐츠 생산자는 기성세대일 수밖에 없지만 이전과 달리 소비자의 목소리가 직접적으로 제작자에게 전달되고, SNS와 유튜브에서 강력한 위상을 가진 MZ세대는 수용자이면서 생산자 위치에서 K콘텐츠에 강력한 영향력을 가진다.

시스템이 구해내지 못하는 지옥도

사회적 거리두기와 자가격리를 해야 하며 일상이 멈춘 팬데믹 시기에 넷플릭스는 승자가 되었다. 우울해서 미칠 지경이었던 팬데믹 초기에 우리를 깜짝 놀라게 하며 기쁘게 한 사건이 있었다. 그것은 아직은 생소한 이름 넷플릭스를 통해 2020년 3월에 공개된 〈킹덤〉 시즌2가 세계적으로 시청층을 엄청나게 확보했다는 것이다. 비한국인이 가장 한국적인 사극을 본다는 것도 놀라운 일인데, 〈뉴욕타임스〉 선정 '2020년 최고 인터내셔널 TV쇼 톱10'에 이름을 올리고, 갓과 호미가 세계인 유행 상품이 되었다는 뉴스 기사는 격리 상황만큼이나 비현실적으로 들렸다.

그해 4월에는 십대들의 이야기이지만 청소년관람불가인 〈인간수업〉이 화제 만발이었다. 방송국에서는 도저히 볼 수 없는 파격적인 소재이지만 넷플릭스에서는 가능했다. 고등학생들이 실제로 쓰는 말로 이루어진 현실감 있는 대본에는 "이게 진짜 십대의 모습이야?"라는 생경함이었다.

<인간수업>

학교에서는 모범생이지만 가난한 집안 환경 때문에 범죄에 발을 담그 게 되는 주인공에게 상위권 성적을 유지하기 위해서는 어쩔 수 없다는 서사가 부여된다. 드라마에서 이중생활을 하는 주인공을 가장 큰 시련으 로 몰아넣는 사람은 바로 아버지다.

〈인간수업〉은 하이틴 장르가 코미디나 로맨스와 결합되던 일반적 관 행을 깨고 스릴러를 가져옴으로써 오히려 십대를 현실감 있게 그린다. 전 과목 1등급에 사고 치지 않고 조용히 있는 가난한 남자 주인공 오지수 와 CEO 부모 아래서 부족함이 없이 생활하며 성격도 성적도 좋은 여자 주인공 배규리 두 사람은 서로 반대되는 환경과 성격이지만 공통점이 있 다. 그것은 십대에게 요구되는 정상적인 삶이 조금만 들여다보면 일그러져 있다는 사실이다.

학교 안의 모습과 학교 밖의 모습이 극명하게 다른 십대 주인공들은 그 자체로 비행청소년이지만, 자세히 살펴보면 방치한 것도 모자라 갈취하는 부모, 혹은 과도한 기대와 압박을 가하는 부모를 두고 있다는 사실을 알게 된다. 두 주인공들은 부모를 증오하고, 자신이 처한 상황에서 필사적으로 벗어나기 위해 범죄에 빠져든다. 이 두 사람이 처한 현실은 장르 드라마이기에 과장되어 있지만 현재를 살아가는 십대 청소년의 상황과 다를바 없다. 성적을 내는 기계처럼 압박된 상황에 놓여 극심히 스트레스에 시달리는 청소년들은 드라마 속 인물들의 일탈을 보면서 속 시원한 카타르시스를 느낄 것이다. 그들은 어른을 속이고, 어른과 맞짱을 뜨며, 심지어 어른을 가지고 논다.

N번방 사건을 떠올리게 하는 끔찍한 서사로 이루어진 범죄극의 주인공들 스스로 자신이 잘못하고 있다는 걸 알아서 이들은 엄청난 두려움에 시달린다. 나쁜 아이들이지만 잘못을 아는 이들을 갱생시킬 책임이 있는 제도권의 어른들, 즉 교사와 경찰은 하는 일이 별로 없다. 실질적으로 이들을 보호하고 도와주는 어른은 주인공 지수의 사업 파트너인 이 실장 한 명 뿐이다. 제도적으로 보호받지 못하는 이들은 곧 실패할 것이며 그들의 범죄 행각은 드러나고 단죄 받을 것이다. 이러한 결말은 바로 우리 사회 시스템의 실패를 의미한다.

망할 어른들을 망치고 싶은 청소년들의 무의식적 욕망이 투영된 이 드라마는 젊은 작가의 펜대에서 플롯과 캐릭터에 의해 생생하게 그려진다.

청소년 범죄의 잔인함에 대한 인식은 이미 널리 퍼져 있지만 그간 드라마와 영화가 정면으로 다룬 예는 많지 않았다. 화면으로 잔혹한 청소년 범죄를 본다는 불편한 진실을 사회가 감당하기 어렵기 때문이다. 드라마가 현실보다 약할 때, 드라마의 메시지는 공허하다.

〈인간수업〉으로 인해 넷플릭스 오리지널 시리즈가 청소년 범죄 재현의 수위를 한 차원 올렸음을 보여주었다. 팬데믹 시기에 넷플릭스의 과감한 도전은 박수를 받았고, 한꺼번에 공개되고 몰아보기 하는 시청 방식으로 인해 쉽게 달아오르고 쉽게 식어서 2023년이 된 지금은 벌써 잊히고 만 드라마가 되었지만, 〈인간수업〉이 보여준 도전은 이후 전개될 넷플릭스 K콘텐츠의 표현 영역을 확장하는데 큰 기여를 했다.

〈인간수업〉 이후 2년 정도가 흐른 2022년 2월에 공개된 10부작 시리즈 〈소년심판〉은 김혜수가 맡은, 주인공 심은석 판사의 캐릭터 드라마로서, 매회 그녀가 맡은 사건이 단막극처럼 전개된다. "죄를 지었으면 벌을 받아야지, 아무리 소년범이라고 해도."라는 모토를 신념으로 삼는 심은석 판사의 활약을 그리는 드라마는 사회적 주제로 떠오른 촉법 소년 문제를 정면으로 다루어서 큰 화제를 모았다. 공개 이틀 만에 국내 1위라는 기록은 그 화제성을 입증하기에 충분했다.

〈소년심판〉은 몇 년 사이에 들어봄직한 실제 사건을 모티프로 했고, 여전히 현재진행형인 사건들의 문제점을 들여다보는 계기가 되었다. 촉법소년 연령을 하향해야 한다는 법률 개정의 움직임이 있는 상황에서 시의적절한 현실 반영의 법정 스릴러이다. 온라인을 통해 친구가 된 두 여

<소년심판>

성 청소년이 저지른 인천 초등학생 유괴 살인 사건, 여고 시험지 유출사
건, 중학생 렌터카 절도 운행 추돌 사고, 초등학생 아파트 벽돌 투척 사
건, 여중생 집단 성폭행 사건 등 실제 청소년 범죄 사건들이 스토리 안에
녹아들어 있다.

　예전에도 청소년 범죄는 많이 있었지만 최근에 더 잔혹해지고 더 지능
적이라는 점은 무시할 수 없다. 점점 범죄 연령이 낮아지는 이유는 온라
인과 기술 환경을 이용하는 사이버 범죄에 10대, 20대들이 접근하기가
더 쉽기 때문이다. 그런 면에서 Z세대 강력 범죄자가 급등한다는 것은 실
체가 있는 말이다. <소년심판>은 그 점을 포착하였고, 기성세대와 Z세대

를 모두 아우르는 소재와 주제를 활용했으며, 개연성이나 현실성의 문제가 일부 드러나긴 했지만 재현의 관점이나 태도에서 정의로웠다. 신파적 요소를 배제하고 메시지를 분명하게 드러내기 위한 깔끔하고 디테일한 연출이 주효했으며, 피해자와 가해자를 선악 구도가 아니라 왜 이렇게 되었는지에서 접근하는 입체적 표현이 시청자로부터 큰 호응을 얻었다.

드라마는 피해자 입장에서 사건을 그리면서도 가해자가 범죄를 저지르게 된 상황에 대한 묘사가 있으므로 사건을 둘러싼 우리 사회의 문제를 비교적 균형잡힌 시각으로 직시한다. 공정 세대라고 불리는 Z세대는 범죄를 저지른 만큼 벌을 받는 사회가 공정하다고 여긴다. 따라서 범죄에 대해 단호하게 판단하는 심은석 판사의 기개가 Z세대에게 많은 환영을 받는 것은 어쩌면 이 시대의 필연이다. 이 드라마가 호평을 받은 것은 쓸데없이 동정하고 용서하지 않으며 범죄에 대해 냉정하고, 억울한 점이 있다면 끝까지 파헤쳐서 드러내는 어른의 태도가 공감을 얻었기에 가능했다.

기성세대가 보기에 젊은 세대가 공인인 정치인보다 연예인의 과거 문제에 더 들끓어 오르는 현실이 이상해 보일 수 있다. 그러나 학교 폭력이나 성범죄 문제 등을 일으키며 청소년기에 대충 막 살았던 또래인 연예인이나 스포츠인이 부와 명성을 얻는다는 것은 치열하게 자신을 다스리며 살아온 대다수 젊은이들이 볼 때 가당치 않은 일이다.

같은 경쟁 시스템에서 같이 노력한 사람 중 누구는 안 되고 누구는 되는 일은 불공정하다. 착한 일을 행한 숨겨진 미담에는 돈쭐로 보상해주는 것도 Z세대의 공정이고, 인성 문제가 있는 스타를 추락시키는 것도 Z

세대의 공정이다. 인성 문제로 활동을 중단한 20대 연예인과 스포츠인이 유독 많다는 것은 Z세대의 공정 키워드가 삶에서 매우 중요한 화두임을 보여준다.

〈인생수업〉이 시스템의 전반적인 무능함을 보여주었다면, 〈소년심판〉은 시스템 안에서 노력하는 개인이 있지만 이 정도로는 세상을 바꿀 수 없다는 비관적 현실을 보여준다. 범죄는 끊이지 않고, 개인적 트라우마 때문에 소년범죄에 몰입하는 심은석 판사의 상처는 위로 받지 못한다. 시스템에 대한 실망은 세상이란 구제불능이므로 스스로 능력을 키워야 한다는 자기계발 담론으로 향한다.

2022년 12월과 2023년 3월에 파트1, 파트2, 총 16부작으로 공개된 〈더 글로리〉는 〈인생수업〉과 〈소년심판〉에서 보여준 비관과 냉소를 뛰어넘는 통쾌함으로 세대를 불문하고 엄청난 응원을 받았다.

이 드라마는 1회에서 미혼모의 딸이며 작고 가난하다는 이유로 부자 아이들로 구성된 일진 그룹에게 잔인한 폭행을 당하는데, 그 장면을 비껴가지 않고 현실 그대로 보여주는 것으로 시작함으로써 시청자의 감정을 들끓게 한다. 복수극을 표방한 드라마로서 얼마나 제대로 된 복수를 펼칠지가 관건이었고, 마지막까지 어쭙잖은 용서를 시도하며 용두사미로 허망함을 안겨주지 않기를 대다수가 고대하였다. 현실에서 불가능한 일을 상상의 드라마 세상에서는 가능해야 현실을 살아갈 힘이 난다.

결국 이 드라마는 주인공의 엄청난 노력으로 비참한 상황을 극복하고, 가해자를 철저히 응징하는 것으로 시청자가 복수극에 기대한 엔딩을 만족시켰다. 주인공의 상처와 아픔에 집중하느라 시간을 끌지 않고, 회심할 가능성이 희박한 가해자에게 변명의 기회를 주지 않았다는 점에서 기존 TV 드라마 복수극과는 양상이 많이 다르다. 〈더 글로리〉는 복수의 과정에서 우리 사회의 가장 큰 문제점인 양극화와 계급주의 및 도덕성 없는 부자들의 갑질이 불러오는 사회적 병폐를 꼬집으며 다층적으로 드라마를 감상하게 한다.

아주 특별하게도 능력을 갖춘 자만이 복수에 성공할 수 있으며, 부와 미모가 아니라면 복수 근처에도 못갈 것이라는 씁쓸함을 남기긴 했지만 교훈은 분명하다. 사람을 함부로 대하지 말라는 것. 단단한 것은 녹게 마련이고, 모든 것은 무너진다.

〈더 글로리〉 이전에, 최상류층 막장 복수극으로서 교육과 부동산으로 똘똘 뭉친 부자들끼리의 이너서클 안에서 펼쳐지는 욕망들의 충돌을 노골적으로 드러내는 〈펜트하우스〉(2020년 10월~2021년 1월)가 화제를 낳았다. 공중파 드라마의 막장력은 주부 시청자층을 공략하는 것이 관례인데, 이 드라마는 기이하게도 10대 청소년과 20대 청년층까지 불러 모았다. 방송통신심의위원회에 각종 민원이 접수되면서 4회에 결국 19세 이상 시청가로 변경되었지만 드라마는 시청률과 화제성을 모두 잡았다.

40대 부모와 10대 자녀로 구성된 세 가족을 중심으로 최상류층 펜트하우스와 예술고등학교를 배경으로 전개되는 플롯에서 막장 엄마 대 똘똘한 엄마의 대결 구도는 그대로 십대 아이들의 구도로 전이되면서 전 연령대 시청층을 사로잡았다. 욕망대로 움직이는 인물들의 서사에서 개연성은 가볍게 날아갔고, 명품과 화려함으로 치장한 시각적 요소들이 재미의 중요한 요소임에 분명하다. 그러나 이것만으로는 설명이 되지 않을 정도로 드라마는 성공적이었다.

〈펜트하우스〉 속 그리스·로마 신화 및 고전 멜로드라마적 캐릭터와의 관계성을 상기하게 하게 하는 인물들이 거침없이 욕망을 드러내는 모습에서 시청자는 인간의 본능에 대해 생각해보게 된다. 모두가 막장력으로 무장한 캐릭터이므로 오히려 거리를 두고 지켜보게 하는 블랙코미디적 장치가 적절하게 삽입되어 있어, 드라마는 한편의 피카레스크를 낄낄거리며 구경하게 하는 흡인력을 갖추었다.

Z세대가 이와 같은 복수극에 환호하는 것은 공정을 부르짖지만 실제로 공정과는 거리가 멀게 이미 시스템적으로 단단하게 구축되어 어찌할 도리가 없는 계급구조 사회에서 자조적이고 냉소적으로 현실을 바라보는 것밖에 할 게 없다는 현실과 관련이 있다.

좀비, 모두 다 망해버려라

2020년 9월에는 이전에 극장 개봉했다가 별 소득이 없었지만 넷플릭스를 통해 살아난 영화 〈#살아있다〉가 스포트라이트를 받았다. 이 영화는 개봉 당시의 처참한 비평과 흥행에도 넷플릭스에 딱 맞는 콘텐츠였던지, 해외 반응은 호평 일색을 이루더니 급기야 한국 콘텐츠 사상 처음으로 글

<#살아있다>

로벌 영화 차트 1위를 기록했다.

좀비가 창궐하는 도시에서 고립된 주인공이 반대편 아파트에도 똑같이 고립되어 있는 여성을 발견하고 함께 힘을 합쳐 좀비에 감염되지 않고 무사히 생존하는 플롯이다. 고립, 연대, 탈출, 생존의 드라마는 코로나19로 인해 고립된 상황을 경험하고 있는 사람들에게 현실을 상기시키며 미래의 모습을 상상하게 했다. 게임 중독자 젊은이는 평상시라면 자기 방에 틀어박힌 루저일 뿐이다. 그러나 좀비가 몰려오는 위기 상황에서 그가 그동안 갈고 닦은 디지털 능력이 빛을 발한다. 디지털 세상에서 남초, 여초가 갈라져 싸우는 젠더 갈등이 무색하게도 위기 상황에서는 반대편에 생존한 여성과 서로 돕는 길을 선택한다.

2020년 12월에 공개된 〈스위트홈〉은 팬데믹 이후 감염과 감금 상황을 은유하는 생존을 위한 탈출 서사 콘텐츠다. 이 드라마 역시 징후적으로 시대를 투영하는데, 대중의 눈높이에서 만들어지는 장르 콘텐츠가 가장 정확하게 집단적 공포와 위기를 반영한다는 면에서 주목해야 한다. 팬데믹 시기에 좀비를 비롯하여 크리처 장르가 유행하는 데는 이유가 있는데, 인간도 아니고 비인간도 아니며, 생명도 아니고 비생명체도 아닌 그런 존재, 인간의 살을 뜯어 먹어야 살아갈 수 있고, 숙주를 필요로 하는 기생적 존재인 크리처 존재를 설명하는 단서는 바이러스를 설명하는 곳에서도 공통적으로 발견된다.

눈에 보이지 않는 바이러스가 불러오는 죽음의 행렬은 인간이 저지른 환경파괴, 생명 경시에 따른 결과물이고, 인간은 그것을 여러 방식으로 의식한다. 이러한 인간의 의식은 무의식적으로 콘텐츠에 반영되며, 괴물/비인간이 등장하는 크리처 콘텐츠는 인간과 비인간의 유동적인 자리바꿈이라는 설정을 장르적으로 활용한다.

스티븐 킹은 호러에 열광하는 인간 심리에 대해 "우리가 허구의 공포 속으로 피신한 덕분에 현실의 공포는 우리를 압도하지 못하고 우리를 꽁꽁 얼어붙게 하지 못하고, 일상생활을 제대로 살아가려는 우리를 방해하지 못한다."라고 설명했다. 현실처럼 공포스러운 게 아니라, 현실에서는 상상도 못할 훨씬 더 큰 공포를 영화나 드라마를 통해 경험하고, 우리는 안도감을 느끼며 다시 일상생활로 복귀할 수 있다.

<스위트홈>

〈스위트홈〉에서 공포와 비극의 크리처 괴물들이 인간을 절멸시키고, 인간이 때로 크리처로 변해가는 아비규환의 극단적 상황은 오히려 안전한 일상의 회복을 돕는다는 점에서 팬데믹 상황과 크리처 호러 콘텐츠의 연관관계를 이해할 수 있다. 크리처 콘텐츠가 컬트에서 벗어나 대중문화의 주류로 나선 것은 팬데믹이 가져온 현상이다. 모든 것들은 무너져가면서 과거의 '확고한 것'을 빼앗는다.

괴물 처단이 힘든 이유는 그 탄생의 특별한 원인을 알 수 없다는 점 때문이다. 원인이 없기에 해결책도 찾을 수 없다. 결국 제거하겠다는 노력은 그만두고 괴물을 받아들여야 하는 지경에 이른다. 주인공이 행하게 될 이 태도는 불안과 공포를 수용하는 결말로 나아간다. 이 선택에서 주인공이 변화하는 과정을 보여주고, 괴물─되기 과정이 서사의 일부가 된다. 괴물을 피하려고 스스로 또 다른 괴물이 되면서 일상에 스며 있는 불안과 공포의 양상은 강화된다. 이러한 양상은 호러 콘텐츠뿐만 아니라 스릴러나 멜로드라마에서도 흔히 나타난다(〈괴물〉, 〈펜트하우스〉, 〈비밀의 숲〉, 〈경이로운 소문〉, 〈빈센조〉처럼).

〈스위트홈〉에서 괴물이라는 존재는 특별한 타자가 아닌, 우리 모두, 즉 이름 없는 모든 이들이라는 점을 전한다. 우리는 위기를 통제할 수 있는 사회를 갈구하지만 그것은 불가능하다. 위험과 이에 대한 실제 인식 사이의 커다란 간극은 불안감과 취약함에 사로잡힌 사람들이 잘못된 판단을 하게 이끈다. 잘못된 판단을 하게 하는 구조 안에서 개인은 더 큰 위험과 공포를 생산하는 괴물이 될 수 있다.

2022년 1월 넷플릭스에서 공개된 〈지금 우리 학교는〉은 팬데믹 상황에 제작되고 유통된 팬데믹 좀비라는 점에서 살펴볼 점이 많다. 드라마 촬영은 2020년 6월에서 2021년 2월까지 이루어졌으니 명실상부하게 코로나19 상황이 드라마에 반영되었을 것이다. 이 콘텐츠에는 기존 좀비물과 몇 가지 차별화되는 점이 있다. 좀비의 생김새나 운동 형태는 이전 좀비물에서 가져왔지만 바이러스의 기원을 명확히 하고 감염 후 증상을 단계적으로 보여주는 점이 새롭다. 그 중에서도 반인간 반좀비인 '절비'(절반만 좀비)라는 존재가 나오는 점이 특징이다. 〈지우학〉에서는 절비가 인간 주인공 이상으로 큰 존재감을 발휘하며 때론 적으로 때론 아군으로 그려지면서 인간과 좀비 간 대립 상황에 중요한 역할을 한다. 이는 코로나 시대이기 때문에 나타나는 표현법이다.

코로나19의 기원은 과학자마다 의견이 분분하지만 대체로 어느 한 곳을 지칭하고 있으며, 전염병에 대한 지식은 코로나 이전에 비해 비약적으로 발전할뿐더러 대중적 이해도 높아졌다. 이러한 상황에서 좀비물에 대한 대중적 기준점이 높아질 수밖에 없다. 이에 따라 〈지우학〉은 바이러스의 기원이 어디인지 분명하게 알려주며, 누구나 쉽게 바이러스에 감염될 수 있고, 감염과 동시에 반인간으로 돌변하는 것이 아니라 경우에 따라서는 절비로서 바이러스 면역인과 청정인의 경계에 신체가 놓일 수 있다는 가능성을 서사의 중심 동력으로 삼는다.

팬데믹 이전과 이후 감염에 대한 달라진 인식은 대중매체에서 이를 얼마나 신선한 접근법으로 채택하느냐에 따라 승패가 나뉜다. 〈지우학〉은 바이러스의 공포를 알게 된 현재라서 더 큰 설득력을 가지고 좀비를 재정의하고 있으며 이러한 요인이 세계적 성공의 요인이 되었다고 보인다.

팬데믹 시대에 바이러스 감염을 소재로 한 좀비물이나 크리처물에는 보통사람의 연대, 루저의 각성. 무의미해지는 선악 구분 등의 공통점이 있다. 이는 역설적이게도 탈집단주의와 극단적 개인주의, 안전제일 사회에서 민을 것은 자신밖에 없는 상황이 불러온 생존 본능이 만들어내는 새로운 개인주의이기도 하다. 드라마는 고립되어 있지만 촘촘히 연결되어 있는 우리는 살기 위해 연대해야만 한다는 교훈으로 나아간다. 고등학교에서 나타난 좀비라는 소재에 젊은 배우 캐스팅, 빠른 전개와 감각은 MZ세대를 공략한 콘텐츠이고, 이는 한국뿐만 아니라 전 세계에 적중했다.

좀비물, 크리처물의 특징은 도저히 구제불능인 세상을 다 무너뜨린다는 점에 주목해야 한다. 불행을 전시하며 인정을 구하려는 SNS 세상에서 불안과 좌절에 빠진 청춘들은 분노를 숨기지 않는다. 이러한 분노는 세상이 다 무너져버리는 데서 카타르시스를 느끼고, 다시 세팅할 세상에 대한 가느다란 희망을 부여잡는다. 현실에서는 불가능하니 판타지 세상에서 맘껏 누려봐도 된다. 누구나 한마디씩 SNS에 의견을 표출할 때, 남들과 다른 의견을 제시하며 츤데레 유머감각을 발휘하여 자신의 개성을 뽐내기 위해서도 지금 유행하는 콘텐츠는 꼭 소화해야 하는 세대다.

〈지금 우리 학교는〉은 기시감을 떠올리게 한다. 학교폭력과 왕따에서 시작된 좀비 바이러스는 논리적 개연성을 가진다. 폐쇄된 공간에 갇힌 아이들을 구하지 않는 국가는 세월호를 떠올리게 하고, 계엄령과 국가 공권력의 과도한 억압은 광주항쟁을, 정치인이나 관료가 이 기회를 자신의 정치적 자산으로 활용하는 것은 87년 민주화투쟁이 얼마나 많은 정치인을 배출했는지 생각해보게 한다. 부모 세대인 86세대를 극복하려다 못해 미워하고, 세상에 대한 분노가 쌓일 대로 쌓인 Z세대에게 망해버린 세상은 오히려 희망이다.

ESG와 가치 소비

장르물이 선호된다는 것은 지금 대중예술의 소비문화를 주도하고 있는 MZ세대와 연관 지어 생각하게 한다. 개인주의가 강하고, 자신의 이해관계에 집중하며 자신만의 콘텐츠를 중시하고, 경제에 민감하며 새로운 질서에 대한 열망이 강한 MZ세대는 이들의 특화된 온라인 영향력으로 새로운 주도권을 쥐고 있다. 팬데믹 상황은 새로운 세대의 등장과 이들의 영향력이 전 세대로 확장되며, 이들의 소비 패턴을 기성세대가 닮아가는 것을 보여준다. 넷플릭스에서 K콘텐츠의 성공은 문화적 다양성, 인종적 다양성에 열려 있는 전 세계 MZ세대의 취향과도 맞닿아 있다.

스마트폰 세대는 조금만 힘이 빠지거나 이야기 전개가 이해되지 않으면 창을 바로 꺼버린다. 기본 5개의 윈도우를 열어놓고 8초 만에 무엇을 볼지 선택한다는 이들의 시청 습관은 손가락 하나로 순식간에 다른 볼거리를 찾아간다. 나 홀로 보기 때문에 주제의 한계도 없다. 그로테스크하거나 폭력적이거나 야한 장면이 나와도 거리낄 것이 없다. 매체적 환경으로 인해 이들은 자연스럽게 강한 시각성과 짧고 강렬한 드라마를 선호한다.

끊임없이 이어지는 콘텐츠의 홍수 속에서 모든 것을 작심하고 몰입하여 볼 여유가 없다. 지인과의 대화에 뒤처지지 않기 위해서 사회적 화제가 된 작품은 봐야 한다. 그래서 배속 감상과 건너뛰기를 선택해서 마지막회까지 넘긴다. 부족한 부분은 스포일러까지 친절하게 설명해주는 유튜브를 간단하게 시청하고, 좀더 자세한 부분은 위키트리나 나무위키를 참조한다. 그러면 이제 나도 사회적 이슈가 된 드라마를 다 소화했고, 또래와의 대화에 적극적으로 참가하는 인싸가 될 수 있다.

SNS를 잘 활용하고, 돈을 쓰는데 소극적이고, 경험 소비를 중시하는 MZ세대가 많은 것을 경험했다는 착시효과, SNS에 과시하고 싶은 표현 욕구를 위해 콘텐츠를 빨리 보고 다음으로 넘어가는 경향을 보이지만, 소비할 때는 신념을 적극 드러낸다. 아무거나 보지 않는다는 것이다. 위트 넘치고 개념까지 탑재한 문장을 SNS에 올리고 '좋아요'를 불러야 하기 때문에 보장된 재미와 의미를 가진 콘텐츠를 찾는다.

콘텐츠 선택에 실패하고 싶지 않고, 유행에 따라가지 않아서 무시당하고 싶지 않으며, 개념 찬 한마디 코멘트로 나만의 개성을 표출하기까지 해야 하므로 ESG가 있는 콘텐츠를 선택하는 건 필수다. Z세대에게 환경(environmental), 사회(social), 지배구조(governance)에 대한 높은 관심은 콘텐츠를 소비하는 데에 중요한 덕목이다.

〈이상한 변호사 우영우〉는 ESG를 구현하는 K콘텐츠의 하나의 모범을 보여준다. 고래 덕후인 변호사 우영우가 고래의 자연적 습성에서 영감을 받아 사건을 해결할 힌트를 얻으며 진짜 고래 자유 운동을 하거나 해변 쓰레기를 줍는 행동을 실천하는 환경 이슈, 장애인, 성소수자, 가난한 자, 을의 처지에 선 자들을 위한 법의 정의를 구현하는 사회적 이슈, 제도나 법의 문제점과 허점을 지적하고 이를 개선해야 함을 주장하는 지배구조 이슈를 매회 빼곡하게 채워 넣었다. 이렇게 ESG를 담아내면서 재

<우리들의 블루스>

미와 의미를 골고루 성취하는 드라마는 드문데, 이 드라마는 MZ세대의 대중문화 교본처럼 보인다.

　〈우리들의 블루스〉도 제주도에 정착하여 자연친화적으로 사는 공동체의 풍경에서 환경 이슈를 던지고, 가까운 곳에 있는 장애인 친구, 미혼모, 가난한 독거노인 등에 대한 사회적 관심과 제도적 문제 등을 건드리며 서사를 전개한다. 여러 인물들이 자신만의 독자적인 서사를 전개하는 옴니버스식 구성 안에서 누군가를 영웅화하는 모습을 배제하고, 모두에게 동등하게 무게감을 부여한다. 이 드라마는 노인 세대, 중년 세대인 부모, 고등학생인 자녀 세대가 어우러지며 이들 모두에게 평등하게 초점을 배분하면서 서사적 재미를 갖추었다. 거기에 사회에 대해 발언하고, 환경과 고향을 다시 생각하게 한다는 점에서 ESG적 균형감각을 갖춘 콘텐츠이다.

K콘텐츠에는 어떤 공통점이 있다. 드라마와 영화를 막론하고 다수의 K콘텐츠가 공동체 코드를 새겨넣는다. 자신의 욕망을 위해 누군가를 희생시키는 것이 아니라 함께 사는 법을 찾아내는 것이 자신도 타인도 생존하는 길이자 유일한 대안이라는 점을 무의식적으로 이해한 것처럼, 팬데믹 상황의 K콘텐츠들은 이러한 비전으로 나아간다.

저마다 가진 욕망에 따라 괴물이 될 수도, 혹은 가족이 될 수도 있다. K콘텐츠는 괴물을 통해 가족과 사회에 대해 질문을 던진다. 가족의 의미가 확장된 사회에서 욕망이 어떤 방식으로 표출되고 어우러지면서 모두가 생존할 수 있는가에 대해 질문하는 것이다. K콘텐츠를 보면서 홀로 지내야 하지만, 홀로 내버려지지 않는 사회적 존재로서의 인간에 대해 성찰하게 한다. 이때 보통사람들의 연대의 중요성이 강조된다. 극한 상황에서도 인간성을 잃지 않는다면 살아남을 수 있다. 연대할 때 생존 확률이 더 높아진다는 사실은 팬데믹으로 인해 서로를 확인하고 위하며 연대하는 공동체 사회의 모습에서 발견되었다. 이렇게 K콘텐츠는 사람을 발견하고 있었다.

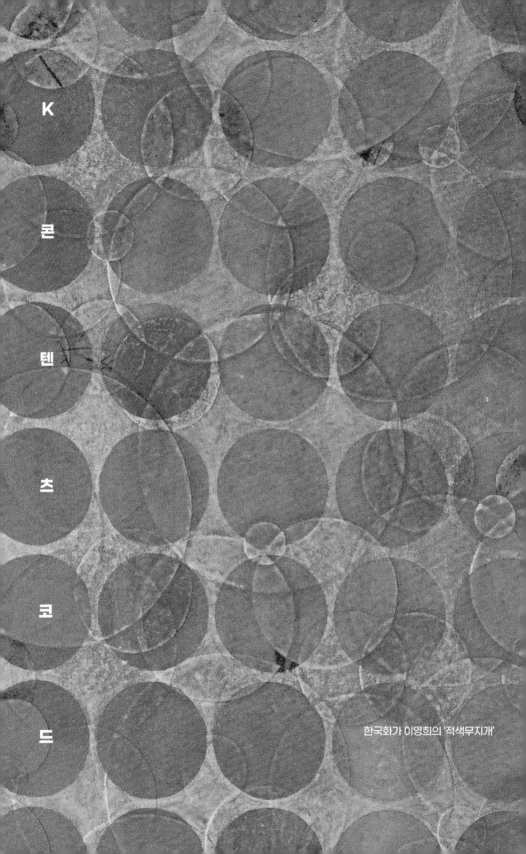

K

콘

텐

츠

코

드

한국화가 이영희의 '적색무지개'

장르

장르, 하나
: 신파와 익스트림 사이에서

이용철

현대 한국 장르는 어떻게 전개되었나

거칠게 말하자. 영화와 드라마에 관한 한 세계에서 만들어지는 작품 가운데 한국의 그것만큼 콤플렉스가 없는 경우는 찾아보기 힘들다. 장르에 관한 한, 할리우드 바깥의 작품은 꿈의 공장에서 만들어지는 것들로 인해 자존심을 구겨야 했다. 당연한 일이다. 세계를 지배하는 장르 영화의 영주국이기 때문이다. 그런데 근래, 그리고 지금 한국에서 만들어지는 장르 영화와 드라마를 보면 콤플렉스를 한참 넘어 자부심을 느끼는 정도다. 할리우드를 제외하고 영화의 역사와 생산력에서 전통적인 강국인 프랑스, 인도, 일본 같은 나라의 장르 영화가 자국 바깥에서 떨치는 영향력과 비교해 봐도 절대 밀리지 않는다. 프랑스, 인도, 일본, 그리고 중국에서 만들어지는 장르 영화의 극히 일부분이 세계 시장에서 각광을 받는 경우는 있지만, 근본적으로 그들 작품은 각국의 장르성의 한계에서 벗어나지 못한다는 인상을 준다. 프랑스적, 인도적, 일본적, 그리고 중국적 장르 영화의, 좋게 보면 특색을 유지하는 것이고, 비판적으로 대하자면 자국 관객을 넘어선 보편적인 장르성에서 빈곤하다는 뜻이 된다. 이러한 영화 강국은 물론, 세계의 어느 나라도 해내지 못한 일을 한국 영화와 드라마는 어떻게 짧은 역사에서 해낼 수 있었던 것일까. 여기서 '짧은'이란 말을 오해하면 안 되는 것이, 세계성으로 도약한 역사로 제한해 말함이다. 더욱이 이러한 역사가 쉽게 이루어진 것 또한 아니다.

한국의 장르 영화가 세계에서 주목받을 수 있었던 첫 번째 관문은, 2000년 전후에 등장한 작가군에 의해 열렸다고 보는 게 맞다. 세계 영화 산업에서 이건 좀 특이한 사례다. 영화제를 통해서 소개되는 대다수 영화의 리스트는, 할리우드 영화를 빼면 대부분 작가 영화, 예술 영화 감독의 작품으로 구성된다. 거기에서 상영되는 영화의 감독들이 아무리 세계적으로 유명세를 탄다 하더라도 상업적으로 유의미한 성과를 거두는 예는 극히 일부분에 불과하며, 설령 상업적으로 성공을 거둔다고 해도 파급력 면에서 그들 영화를 상업영화나 대중영화라고 부르기에는 무리가 있다. 그런데 한국 영화는 다르다. 한국 영화의 이름을 세계에 알린 감독의 이름들 - 박찬욱, 봉준호, 이창동, 김지운, 홍상수, 김기덕 중에서 홍상수, 김기덕 외의 감독들은 국내에서 대중영화를 찍는 감독들이다. 세계 영화에서 그들의 영화를 작가 영화, 예술 영화로 소개할지는 몰라도, 한국 내에서 이들 감독의 영화는 장르 영화로서 대중성을 유지해 왔다. 박찬욱의 〈올드보이〉(2003)나 봉준호의 〈괴물〉(2006) 같은 영화의 홈비디오는 여느 나라의 아마존 사이트에서 손쉽게 구할 수 있는 것들이며, 이러한 작품의 수는 한두 작품에 국한되지 않는다. 상업영화이면서 작가성까지 갖춘 이러한 작품들이 세계에 진출하면서, 한국 영화는 품격과 재미라는 두 마리 성과를 동시에 이룬 전례 없는 존재로 우뚝 선 것이다. 영화사에서 1960년대 전후의 이탈리아 영화, 일본 영화 정도가 도달했던 그 경지에, 한국 영화의 작가들이 도전장을 내밀어 성과를 거두었다고 평가받아 마땅하다.

이러한 작가 외에, 아시아의 호러 영화와 함께 한국의 센 장르 영화 군이 유명해진 것도 한몫 한다. 김기덕의 영화를 포함해, 〈추격자〉(나홍진, 2008), 〈분홍신〉(김용균, 2005) 같은 영화는 '아시아 익스트림'이라는 장르 아래 포장돼 적지 않은 수의 장르 팬을 포섭하는 데 성공했다. 현재 한국 드라마의 익스트림한 성격이 이러한 선배 영화들의 영향 아래 이루어졌음은 자명한 사실이다.

<괴물>

 여기에 더해, 일찌감치 해외의 눈 밝은 관객들이 찾아낸 예전 한국 드라마의 존재도 꼭 언급되어야 한다. 산업적으로, 혹은 정식 판권의 배급 아래 이루어진 현상이 아니기 때문에 그 시기와 규모를 정확하게 가늠하기는 힘들다. 불법으로 만들어진 파일과 DVD 등을 통해 한국의 드라

마를 즐기는 층이 웹상에서 주목받을 정도로 노출된 것은 아마도 2000
년대 초반이 아닐까 싶다. 특이한 취향의 영화, 컬트 같은 성격의 영화
를 찾아 나선 대도시의 특별한 계층에게 당시 한국의 드라마는 새 광산
의 보물처럼 다가갔고, 이후 양극단의 관객이라고 할 히스패닉계 관객에

게 한국의 드라마가 각별하게 받아들여졌다는 기록이 인터넷에서 떠돈다. 어느 날 아침에 갑자기 한국의 드라마와 해외의 관객이 만난 게 아니라는 말이다. 그러한 역사가 있었기에, 한국의 내수 시장용 드라마에 치중하던 제작사와 산업이 세계 시장으로 눈을 돌려 만들어낸 결과물이 지금 세계를 주름잡는 한국 드라마다. 이러한 드라마의 역사가 음악과 같은 대중문화의 전파와 유사한 과정을 거쳤다는 점에서, 언제나 세계 시장을 향해 목표 지점을 잡아 온 한국 산업의 오랜 전통이 문화에도 적용되었다고 판단할 수 있다.

신파는 힘이 세다 1 : <미나리>(와 <파친코>)의 경우

한국 신파는 힘이 세다. 영화와 드라마를 가리지 않고 불쑥불쑥 고개를 들이미는 이 신파성은 한국의 장르 영화를 말할 때 제일 바탕이 되는 것이다. 그러나 이 신파라는 것은 한국영화의 태동기에, 그리고 첫 번째 전성기인 1960년대에 구축된 신파성과는 같은 것이라고 볼 수가 없다. 그러한 신파의 큰 영향 아래 놓여 있음을 부정할 수 없으면서도 그 신파가 현재 한국 드라마의 신파와 동일하다고도 볼 수 없다는 말이다. 장르라는 것이 시간의 흐름에 따라 혁명적으로 변하거나 서서히 진화하는 것은 한국 신파에도 여지없이 적용된다.

현재 한국 드라마의 신파는 근 20년에 걸쳐 역동적으로 변화한 경향

<미나리>

들을 받아들인 결과물이다. 즉, 진화해 온 신파, 그것의 힘이 세다, 는 말이다. 근래 일본에서 만들어지는 소년소녀 드라마의 신파성과 비교해 보면 그 차이가 확연히 드러난다. 소녀성 애니메이션과 연합한 일본 하이틴 드라마의 신파는 시간의 판타지 안에서 맴도는 인물과, 시한부의 삶을 사는 인물의 신파로 요약되는데, 그 성격이란 게 참으로 국지적이다. 한국과 일본에서 유독 성공을 거둔 〈라스트 콘서트〉(루이지 코지, 1976) 같은 옛 영화에다 미미한 변화만 가한 이러한 하이틴 신파 드라마는 일본영화의 갈라파고스적 성격을 재확인하는 장르일 따름이다. 근래 〈오늘 밤, 세계에서 이 사랑이 사라진다 해도〉(미키 타카히로, 2022)나 〈너

의 췌장을 먹고 싶어〉(츠키카와 쇼, 2017)가 한국에서 성공을 거두었다고 해도, 그 관객층은 매니악한 범주를 벗어나지 못하는 게 냉정한 현실이다. 하지만 한국의 신파는 다르다. 설령 전근대적인 신파가 존재한다고 해도, 그것은 중년 여성을 대상으로 하는 아침 드라마나 일일 드라마에서 유지될 뿐이다. 새로운 관객과 만나는 드라마의 신파는 옛 신파의 그것을 절대 그대로 답습하거나 반복 접합하지 않는다.

신파는 근래 세계 영화에서 더 주목받는 가족 드라마의 위상과 당연하게 결합했다. 예술 영화의 경향을 대변하는 유수의 영화제에 선보이는 작품 중 가족 드라마는 쉽게 발견된다. 아르노 데스플레생의 〈브라더 앤 시스터〉(2022), 미아 한센 러브의 〈어느 멋진 아침〉(2022), 프랑수아 오종의 〈다 잘된 거야〉(2021), 우르술라 마이어의 〈더 라인〉(2022), 마티유 아말릭의 〈홀드 미 타이트〉(2021), 레베카 즐로토프스키의 〈그, 그리고 그들의 아이들〉(2022) 등 예로 들 만한 작품의 수는 양손에 넘친다. 코로나19의 상황을 거치면서 가족의 가치를 재확인한 것이 가족 드라마의 득세와 특히 관계 있는 것으로 파악되는데, 유럽에서 만들어지는 가족 영화가 기존의 주제와 소재, 즉, '노후한 부모와 자식의 문제, 부모와 자식의 오랜 갈등' 같은 지점에서 맴돌고 있는 것과 달리, 한국의 가족 드라마는 한국적인 소재 및 주제와 결합하면서 그 독특함을 널리 인정받았다.

<파친코>

    멜로드라마의 성격상 한국 가족 드라마가 신파의 기조에서 출발하는 것은 기본이다. 대표적인 예가 〈미나리〉(정이삭, 2021)라 하겠다. 한국 문화에 대한 관심의 급등과 함께 미국 아카데미에서 작품상 후보에 오르고, 여우조연상을 수상하는 등 엄청난 성과를 거둔 이 드라마에서 제일 인상적인 부분은 아이들의 보육에 도움을 주기 위해 멀리 한국에서 건너온 할머니의 존재다. 미국이라면 그런 설정 자체가 신기했을 터, 가족을 위해 물가에 한국의 미나리를 가져다 심은 그는, 아이들에게 들려주는 이야기에서부터 아이들과 가족들을 대하는 생활 방식에 이르기까지 전형적인 한국 사람의 스타일을 전수한다. 그것이 때로는 갈등을 조장하기도 하지만 그가 끝까지 지켜내는 한국 가족의 특성은 낯설면서도 따뜻한 정감을 제공한다. 그것이 외국의 관객과 평단에게 중요한 요소로 평가받

앞을 것으로 짐작된다. 그러나 그것에 그치지 않고, 한국인 부부가 낯선 땅에서 자립하기 위해 애쓰는 노력은, 곧바로 미국의 전통적인 개척 정신과 결합하면서 완전히 낯설지만은 않은 이야기로 확장된다는 점, 그것이 〈미나리〉의 성공의 핵심 요소라 하겠다. 〈미나리〉의 성공 이후, 마찬가지로 윤여정이 핵심 인물로 분한 드라마 〈파친코〉(애플 TV+ 시리즈, 2022)가 국제적인 성공을 잇는다. 여기서도 가족이라는 핵심 요소와 이국적인 문화의 결합이 뚜렷이 부각되는데, 두 작품의 원작과 연출을 맡은 사람이 해외 교포라는 점이 작용한 결과다. 그래서인지 보통 신파라는 것의 단점으로 파악되는 '눈물을 강요하는 억지성'이 줄어든 점, 그리고 신파에도 담백한 성격이 가능하게끔 변화시킨 점이 각별하게 평가받았다.

신파는 힘이 세다 2 : 〈정이〉(와 〈길복순〉)의 경우

〈정이〉(연상호, 2023)는 클라이맥스 스튜디오와 연상호 감독이 빚은 또 한 편의 성공작이다. 예산이나 소재, 그리고 주제 측면에서 예전에 시도하지 못하던 기획에 도전해 한국영화의 영역 확장에 성공한 결과물이다. 그런데 이 영화에 대한 평가가 국내와 국외에서 많이 다른 게 눈에 띈다. 국제적인 인물로 등극한 연상호의 신작에 대해 해외의 팬과 평단은 대체로 호평을 보낸 것과 달리, 한국 내에선 관객의 평가가 좀 박한 편이다. 국내의 부정적인 평가 중 많은 부분은 이 작품 내의 신파성에서 기인한다. SF와 액션을 예상했는데 웬 모녀의 신파냐는 것이다. 그러한 실망은 충분히 이해 가능하다. 영화는 '지구인을 이주시키는 쉘터 가운데 아드리안 자치군 내 반군이 형성돼 공격한다'는 설정을 알려주면서 시작한다. 일본 TV 애니메이션 〈기동전사 건담〉(토미노 요시유키, 1979~1980)을 떠올리게 하는 시작인데 후반으로 갈수록 기본 설정이 맥거핀으로 느껴질 테니 볼멘소리가 나올 법하다. 게다가 후반의 주제란 것을, SF의 모더니티와 상극인 신파로 받아들일 경우 실망은 더욱 커지지 싶다.

〈정이〉는 30년 전 임무 수행 도중 실패한 어머니 윤정이(김현주)를 같은 이름을 지닌 AI로 부활시켜 작전에 성공시키려는 과학자 서현(강수연)의 의지에 관한 이야기다. 그의 집착을 이해할 수 있도록 연상호는 모녀의 애틋한 과거사를 끌고 온다. 서현의 종양에 드는 치료비를 충당하기 위해 어머니 정이는 고액의 보수를 받는 용병으로 전투마다 나섰는데, 딸의 수술 날 벌어진 전투에서 세상을 떠났다. 성장한 서현은 어머니가 딸 때문에 자기 삶을 제대로 못 살았을 거라고 생각한다. 어쩌면 어머니는 병에 걸린 딸을 원망했을지도 모른다. 어머니와 헤어지던 순간과 그의 죽음, 그것으로 인한 슬픔에서 벗어나지 못하는 인물인 서현은 여타 SF영화의 과학자와 사뭇 다른 모습이다. 또한 암이 전이돼 살날을 얼마 앞두지 않은 서현의 상태로 인해 관객은 그의 죽음마저 예감해야 한다.

한국 관객은 이러한 설정과 전개를 SF영화에 불필요하거나 역효과를 불러낼 수 있다고 판단한 것 같다. AI와 시뮬레이션하는 과정에서 서현이 눈물을 흘리는 장면에서 신파는 폭발한다. 뇌의 미확인 영역에서 모성을 발견한 연상호의 시도는 과연 틀린 것일까.

<정이>

　　장르 영화의 특성상 〈정이〉도 여러 영화로부터 아이디어를 구했는데,
영화의 주요한 주제에서 〈에이리언 4〉(장 피에르 주네, 1998)가 떠오른
다. 괴물의 잉태와 번식, 그것과 싸우는 인간의 이야기인 〈에일리언〉 시
리즈의 4번째 작품에서 복제인간 리플리(시고니 위버)는 괴물의 숙주이

자 자기 자궁에 괴물을 잉태한 존재로 거듭 태어난다. 그와 연대하는 캐릭터가 로봇이 만든 로봇인 콜(위노나 라이더)으로 설정된 건 자연스러운데, 순수한 인간이 아니란 이유로 아웃사이더로 취급받는 두 인물은 유사 모녀 관계를 형성한다. 시리즈의 마지막에서 리플리는 자신이 낳은 괴물에게 "미안하다"는 말을 던지며 인간의 생존을 선택한다. 장 피에르 주네는 타자로서의 괴물이 아니라 자기 안의 괴물성과 싸우는 인간의 이야기라는 것을 밝히며 〈에일리언〉 시리즈의 한 끝을 맺는다. 〈에이리언 4〉가 황폐한 인간의 세상을 멀리서 바라보는 리플리와 콜의 모습으로 끝나는 것과 〈정이〉의 마지막 풍경이 유사한 것은 단순한 우연일까. 〈에이리언 4〉와 〈정이〉를 연결하면서, 〈정이〉의 앞과 뒤를 다르게 전개시킨 연상호의 시도는 옳다는 변론을 해야겠다.

〈정이〉에서 인간 복제라는 소재는 과학적인 테두리 안에서 이야기되지만, 한편으로 출산과 성장, 성숙 같은 변화를 겪는 인간의 삶의 과정을 은유하는 것이기도 하다. 출산을 대리하는 복제의 과정을 통해 서현이 어떻게 변하느냐, 가 주제인 영화에서 앞과 뒤가 다른 형태를 지닌 것에는 설득력이 있다. 정이는 죽은 뒤에도 끊임없이 복제되면서 전투 시뮬레이션에 투입된다. 인간의 외형을 쓰고 있으나 그가 하는 행위는 전쟁이라는 가장 비인간적인 공간에서 기계처럼 반복해서 싸우는 것이다. 괴물과 다를 바 없는 복제 인간, 기계 인간을 만드는 일은, 인간을 낳는 출산의 행위와 대비된다. 서현은 인간이 과학 실험을 통해 만든 복제 인간을 원래의 자유로운 인간으로 되돌려야 한다는 결론에 도달한다. 그것이 복제 인간이 괴물성에서 벗어날 수 있도록 이끄는 길이다. 연상호는 선과 악 사이에서 인간의 자유의지를 시험해온 감독이다. 그 소중한 의지를 상실한 여성이자 어머니인 정이에게, 죽어가는 딸 서현이 자유를 선물한다. 그리고 의지를 상실한 채 병기처럼, 괴물처럼 살았던 여성이 자유로운 자기 의지를 지닌 인물로 재탄생한다. 그러므로 이 이야기에는, 모녀의 신파보다 모녀의 신화라는 이름이 더 어울린다. 〈정이〉는 신파를 비난받아야 할 작품이 아니라, 신파의 영역을 넓혀 이종 장르와 접합하는 데 성공한 작품이다. 그런 점에서, 〈정이〉는 그룹 '이레이저'의 앨범 〈이레이저〉(1995)를 닮았다. 대다수 평자는 이 앨범을 지루하고 평이한 일렉트로닉 뮤직 정도로 평가했다. 전형적인 일렉트로닉 댄스 그룹으로 시작한 이레이저는 이 앨범에 이르러 댄스에다, 그것보다 더 전형적인 발라드를 결합하기를 시도해 진일보한 일렉트로닉 뮤직을 탄생시켰다. 〈정이〉를 만든 연상호도 그러하다.

〈정이〉를 주목하게 만드는 요소로서 '신파의 확장'은, 〈정이〉 직후 공개된 넷플릭스 오리지널 영화인 〈길복순〉(변성현, 2023)에서도 발견된다. 모녀의 드라마, 신파라는 측면에서 이건 단순한 우연이 아닌 어떤 의도가 읽히는 부분이기도 하다. 계획된 신파 드라마로서 한국 장르 영화. 〈길복순〉은 킬러의 비정한 세계를 다루기에 살벌하고 끔찍한 장면을 다수 포함하고 있으며, 아버지를 죽이는 미성년자 딸의 장면을 삽입하는

<길복순>

등 논쟁거리로서의 영화가 될 만한 소지가 다분하다. 로맨스를 끼워 넣는 방식도 각별하다. 영화의 클라이맥스이자 가장 스릴이 넘치는 장면에, 사랑에 빠진 자의 주제가인 〈이 남자는 사랑에 빠졌어요. This Guy's in Love with You〉를 배경음악으로 사용하는 시도 등도 흡족하다. 스타일 넘치는 변성현의 세계가 잘 살아 있다는 뜻이다. 그런데 제목에서부터 쿠엔틴 타란티노의 〈킬 빌〉(2004)을 떠올리게 하는 유사성은 이 영화의 발목을 잡는다. 딸에 얽힌 여자 킬러의 복수극이란 점에서도 그러하다. 그런 유사성에서 이 영화를 해방시키는 게 있다면 그게 모녀의 신파다. 스타일 넘치는 영화를 신파가 풀어준다는 점이 오히려 신선하다. 킬

러 역할을 맡은 전도연은 극중에서 서너 번의 눈물을 보인다. 한 번은 살짝 울고, 한 번은 엉엉 울고, 그리고 한 번은 꾹꾹 눌러 삼키는 눈물. 당연히 그 눈물은 딸과의 관계로 인한 것이다. 십대 시절, 아버지를 죽일 때는 환한 웃음을 던졌던 그녀가 중년을 지난 지금은 자기 딸로 인해 눈물을 달고 산다는 인상을 준다. 그게 킬러라는 역할에 한계를 지우지만, 킬러라는 직업을 지닌 여성의 영화에 익숙한 온기를 부여한다. 그렇게 〈길복순〉은 한국 드라마 속 신파라는 장르의 뿌리와, 그 뿌리에서 나온 줄기와 열매의 다양성을 동시에 확인하게 해준 또 한 편의 영화로 남는다.

〈더 글로리〉, 익스트림의 비수에 꽂혀

한국 드라마에서 복수극을 대표하는 건 멜로드라마다. 배신을 당한 사랑 때문에 사적인 복수를 벌이는 형태는 외국 원작을 바탕으로 만들어져, 근래 화제를 모은 〈부부의 세계〉(JTBC 드라마, 2020)에까지 꾸준하게 이어져 왔다. 마찬가지의 복수극으로 대단한 반향을 불러일으킨 〈더 글로리〉(넷플릭스 시리즈, 2022)와 〈재벌집 막내아들〉(JTBC 드라마, 2022)의 성격은 다르다. 사적인 복수극에서 출발하지만, 연대기적 성격을 취한 두 드라마는 한국 사회 깊숙이 자리한 불평등의 구조, 계급으로 나뉜 사회에 대한 분노를 근간으로 한다. 물론 기존의 멜로드라마에서도 인물 간의 신분적 차이를 두는 경우는 흔했다.

<더 글로리>

가난한 직장 여성과 부잣집 아들의 치정극. 그러나 그것은 버림받은 인물의 비극성을 강조하는 장치 정도로 쓰이는 것이었다. 2004년과 2022년을 연결하는 〈더 글로리〉와 1987년과 1920년대를 통과하는 〈재벌집 막내아들〉은 미시적인 개인사에 거시적인 시대의 풍경을 접하기를

시도한다. 후자에서 그 성격이 더 강하기는 하나, 〈더 글로리〉도 한 개인이 겪은 비극적인 고통에 계급적이고 사회적인 시선을 풍부하게 삽입해 놓았다. 그래서 두 드라마는 한국 사회의 짐승스러운 일면이 어떻게 끈질기게 유지돼 왔는지 꼼꼼하게 담아놓은 현대의 기록처럼 보인다.

복수의 드라마로서, 〈더 글로리〉는 인물의 배치에서 먼저 양극단을 추구한다. 가난하거나 부자거나, 순하거나 악하거나, 어정쩡한 건 없다. 착했던 아이가 지독하게 악한 것들에게 복수하는 드라마인 만큼, 악한 것들이 가하는 고통은 드라마의 초반에 특히 익스트림하게 펼쳐진다. 주인공 문동은(송혜교)에게 박연진(임지연)을 비롯한 다섯 아이들이 가하는 신체적인 폭력은 눈길을 돌리게 한다. 자기들의 기분이 내키는 대로 고데기로 신체 곳곳을 지질 때면 살이 타는 냄새가 전해질 지경이다. 동은이 도움을 구하려고 찾아간 선생은 도리어 그에게 손찌검한다. 학교의 선생이 학생의 뺨을, 그것도 교무실에서 수없이 갈기는데도 누구 하나 손 써주는 사람이 없다. 책임감이라곤 없는 어머니는 돈 몇 푼에 딸을 버리고 사라진다. 결국 동은은 영혼에 상처를 입는다. 눈이 내리던 날, 차가운 눈에 뜨겁게 달아오른 몸을 비벼야 했고, 피부가 간지러워 긁어대는 바람에 피가 흘러내리는 걸 보았던 아이가 너무 이른 나이에 복수를 결심한다.

훗날 동은과 연대해 복수를 돕는 아주머니는 〈기생충〉에서 보았던 반지하 방에 산다. 〈기생충〉의 웃음기 어린 블랙코미디는 시퍼런 현실로 교체된다. 남편은 그의 코에서 피가 흐르고 얼굴에 멍이 시퍼렇게 들어도 때리기를 멈추지 않는다. 보다 못한 딸이 아버지에게 칼을 겨눈다. 21세기에도 가난한 집안의 그림은 그러하다. 동은이 복수를 준비하는 초반의 공장 장면은 이게 1970년대의 풍경이 아닌지 의심하게 한다. 이들 드라마는 보기만 해도 가슴 깊숙한 곳에서 울분이 차오르는 장면을 시릴 정도로 눈앞에 들이댄다, 보는 이의 마음이 꿈틀대도록. 〈킹덤〉(넷플릭스 드라마, 2019)에서 좀비가 몸을 물어뜯는 끔찍한 장면은 시각적인 충격을 주는 정도지만, 〈더 글로리〉의 익스트림한 장면들은 가슴을 쥐어짜는 반응을 동반하면서 악몽처럼 기억에 남는다. 폴킴이 부르는 노래 속 '네가 아주 행복했으면 좋겠어'란 가사에 흐르는 눈물을 느끼노라면, 한국 사회 자체가 악마라는 생각이 든다. 그래서 이 드라마의 제목이 왜 〈더 글로리〉인지 대충 짐작하게 된다. 〈더 글로리〉는 복수보다 구원의 영광이 더 필요한 드라마다(그게 과연 성공을 거두었는지, 에 대한 평가는 별개다).

〈더 글로리〉의 강렬함은 인간적인 선에서 대충 멈추지 않는 데서 기인한다. 행동을 표현하는 데 있어 얼버무리는 법이 없는 이러한 방식은 어쩌면 전근대적인 스타일로 읽히지만, 그것이 낳는 효과는 21세기 관객의 정중앙에 꽂힌다. 인물 간의 갈등을 주요한 소재로 삼는 드라마, 누군가가 누군가를 괴롭혀 원한으로 맺어진 관계의 드라마가 과연 픽션으로 받아들여지는 선에서 끝나는 걸까. 이러한 이야기에 수많은 관객이 빠져들었다는 점은 둘 중 하나를 말한다. 이야기를 빼어나게 잘 쓰고 연출했거나, 행복한 얼굴을 한 사회의 이면에 반대의 요소들이 현재형으로 꿈틀대고 있다는 사실의 방증이거나. 한국 드라마 가운데 엄청난 화제와 인기를 거둔 드라마일수록 이러한 성격이 더 부각된다는 점은, 그렇기 때문에 일종의 염려를 동반한다. 해결되기 어렵고, 해결되기가 불가능한 갈등에서 우리는 자유롭지 못한 것인가, 하는 염려 말이다. 한편으로, 자신이 시도하기에는 버거운 사회적 불균형과 산적한 문제들에 맞서는 주인공의 행동에서, 자신의 불안을 해소하고 심리적 대리 만족을 구하는 건 아닐까. 그렇다면 한국식 복수극은 영웅 서사의 변형된 형태일지도 모른다. 그들은 구세주까지는 아니어도 적어도 영웅 비슷한 존재 정도는 된다. 그리고 그것은 거꾸로 한국 사회가 지옥이라는 것을, 헤어 나오기 힘든 악몽과 같다는 것을 각인하도록 만든다. 결국 한국은 절대 천국이 못 될 것이라는 믿음. 그래서 뜨거운 마음으로 보다가도, 너무 재미있어서 다음 시즌을 기다리지만, 시즌이 끝난 뒤에는 긴 한숨을 쉬게 되는 거다. 그런 점에서 〈재벌집 막내아들〉이 지향하는 바는 다르다.

2

장르, 둘
: 삶의 크기는 밝은 만큼 정해진다

이용철

<재벌집 막내아들>, 갈등과 복수는 어떻게 미학이 되었는가

장편 웹소설을 원작으로 한 〈재벌집 막내아들〉이 기본적으로 복수극 장르인 건 맞지만 그렇다고 해서 꼭 집어 복수극이라 부르기엔 다소 이상하다. 분위기나 전개 과정에서 복수극 특유의 비장함이 느껴지기보다 통쾌함 혹은 경쾌함의 비중이 훨씬 높고, 무엇보다(앞서 '장르, 하나' 챕터에서 잠시 언급했듯이) 히스토리 레슨의 성격이 강하다.

<재벌집 막내아들>

기성세대에게야 1980년대, 1990년대가 눈에 선할 수도 있겠으나, 이 드라마 시청자의 반 이상에게는 현대의 시간이면서도 세밀한 기억 속에 남아 있는 역사는 아니다. 게다가 주인공의 복수는 현대의 굵직한 사건과 밀접하게 연관된 것이어서 그것에 대해 잘 모른다면 같은 보폭으로 극을 따라가거나 예측하는 재미가 덜할 수밖에 없다. 반복해서 교육이나 역사라는 단어를 쓰는 이유는 거기에 있다.

1987년 이후 현재까지, 하나의 시즌으로 끝나는 드라마로서는 비교적 긴 시간을 배경으로 삼는 이 이야기는 두 번의 죽음을 모티브로 삼는다. '꿈, 환생, 시간여행'이라는 판타지를 매개로, 두 남자가 겪는 두 번의 죽음은 마침내 서로를 엮고, 두 개인의 죽음을 빌려 복수극을 취하면서 동시에 현대의 경제와 정치, 그리고 삶의 가치를 돌아보는 기회를 베푼다. 한 재벌가에 의해 두 인물이 생명을 잃는다는 익스트림한 설정과, 그것에 따른 복수극이면서도 이야기의 주제는 복수보다 더 큰 것을 향해 열려 있다. 한국 사회의 야만적이고 폭력적인 일면이 어떻게 만들어지고 유지되어 왔는지 시원하게 들춰낸다. 인간이 인간에게 가할 수 있는 최악의 폭력 – 죽음을 얼굴 하나 변하지 않고 행하는 인간들의 공동체, 그리고 리그 내에서도 자신을 위해 형제를 뜯어먹는 것들이 한국인 대다수가 그렇게 갈망하고 존경하기까지 하는 족속들이라는 것을 알려주는, 역사, 경영과 경제, 정치로 읽는 한국 현대사다.

사실 도준(송중기)의 드라마틱한 삶에 열광하는 건 좀 웃기다. 다시 태어난 그의 행적은, 이후 수십 년 동안 벌어질 일을 이미 알고 있었기에 가능한 일이었다. 재계 서열 1위 그룹에 다니면서 팀장까지 달았던 그로선 그리 어려운 일은 아니란 이야기다. 게다가 부활한 운명은 그를 재벌 그룹의 집안에 태어나게 한 것 아닌가. 그게 마법의 주머니가 된 거다. 반대로 말하면, 수십 년 역사 정도는 꿰뚫고 있어야 한국의 1위 그룹에 도전해 뒤집을 수 있다는 이야기다. 즉, 정상적인 평범한 인간은 신이 되지 않는 한 그런 일을 결코 벌일 수 없다는, 자괴감을 갖게 할 이야기다. 재벌가의 괴물 같은 자식들이 울면서 치욕감을 느끼도록 만드는 일은 그냥 평범한 복수가 아니다. 한국에서 제일 짐승 같은 것들을 거꾸로 매다는 일이며, 대한민국의 국민 전체가 절대 일어날 수 없다고 공언할 일이다. 심지어 대다수가 편을 드는 자들의 몰락을 의미한다. 그들이 몰락하면 자기들의 삶도 저하할 것처럼 그들을 지지하는 사람이 대다수인데 그 게 가능할까, 의문을 품게 만드는 일이다. 그러나, 어쨌든 주인공이 그것 을 해내기에 숨 가쁘게 바라보게 되는 드라마다.

도준은 재벌이 한국인에게 각인시킨 이미지를 거스른다. 그는 순양으 로 대표되는 재벌이(그들이 값비싼 광고에서 홍보하듯) 우리의 가족, 삶 의 친구가 아니라 죽음의 사자에 더 가까운 존재라는 사실을 확인시킨 다. 그것에 성공하기에, 이건 정말로 분노의 드라마인 것이다. 그런데 그 의 성공담 뒤로 우리는 중요한 질문을 던질 수밖에 없다. 그는 하늘에서 내린 재고귀인(財庫貴人)으로 사는 걸까. 그러면 그의 복수 대상인 재벌 집안의 인물들과 무엇이 다른가. 또한 우리는 도준의 미라클인베스트먼 트처럼 자본주의 내에 착한 타이탄도 존재할 수 있다는 것을 믿어야 하 는 걸까. 그렇다면 〈재벌집 막내아들〉은 선한 재벌의 멜로드라마와 다를 게 무엇인가. 그러므로 이 이야기는, 드라마의 한 장이 끝나더라도 절대 완결될 수는 없는 종류의 것이다. 도준의 복수가 완결되기 전, 재벌가의 유산을 물려받을 예정이었던 장손 성준(김남희)은 신문사 대표의 딸이자 아내인 모현민(박지현)에게 "우리 애들은 괜찮을 거야, 앞으로, 언젠가, 나하고 당신, 우리 애들."이라고 말한다. 복수극의 끝에서 그의 말은 공 허한 다짐으로 끝나지만, 우리에겐 복수보다 그의 말이 더 무섭게 느껴 진다. 그게 드라마를 본 뒤에 현실로 눈을 돌리면 보이는 세상의 질서이 기 때문이다. 즉, 이건 궁극의 미완의 드라마다.

<이상한 변호사 우영우>, 정의와 공정, 일상의 슈퍼히어로

장르는 사회로 치면 일반적인 상식이 반영된 결과물이다. 그러므로 장르를 보면 사회 전체는 아니어도 단면을 판단하게끔 돕는다. 근래 만들어진 한국 드라마 가운데 가장 큰 반향을 불러일으킨 게 두 편의 복수극-<더 글로리>, <재벌집 막내아들>이라는 점은 한국 사회가 그리 공정하거나 정의롭지 않다는 의미로 읽힌다. 그랬다면 위의 드라마가 만들어지지 않았거나, 만들어졌다 한들 그리 큰 사랑을 받지 못했을 터다. 물론 이러한 상황은 한국에 국한된 것만은 아니다. 정의와 공정에 관한 드라마는 전 세계에서 수없이 만들어진다. 정의, 법, 질서, 상식에 관한 주제를 다루는 장르는 범죄와 수사, 재판 드라마다. 그런데 법과 질서를 집행하는 기관이라고 해서 꼭 바른 건 아니다. 집행하는 과정에서 우리 편과 나쁜 편이 존재한다. 경찰과 검사 같은 조직 내에서 권력과 금권에 영혼을 판 인간들이 차고 넘치는 걸 우리는 영화에서 익히 보아 왔다. 당연히 그러한 장르 내에는 인간에 대한 의심이 더 심하게 요동친다.

혹자는 이상화된 집행자로서 서부의 보안관과 슈퍼히어로를 들지도 모르겠다. 공동체를 해치는 악의 처단에 나선 보안관, 선과 악에 대한 신적인 집행자 슈퍼히어로. 그러나 한국 사회에 보안관과 슈퍼히어로는 없다, 그러므로 장르 영화 속에서 이상적인 집행자는 그리 어울리지 않는다.

⟨범죄도시2⟩

하나 있다면 마동석이 형사로 분한 액션 시리즈 ⟨범죄도시⟩(강윤성, 2017) 정도일 텐데, 사실 이 영화야말로 한국에서 보통사람들을 도와줄 슈퍼히어로는 절대 없음을 확인시키는 예다. 미국 국적을 가진 배우가 웃음으로 악당에게 어퍼컷을 날리는 행위, 그것이 현실과 담쌓은 무용담이기에 그는 매번 미국인의 능글맞은 웃음으로 거리를 활보한다. 그가 보통사람과 사회를 지키는 게 아니라, 거꾸로 사회와 영화라는 안전망이 그를 보호한다. ⟨범죄도시⟩는 아마도 가장 웃긴 코미디 시리즈로 남을 것이다. 그래도 우리는 적어도 영화와 드라마 속에서 정직한 존재를 찾겠다는 믿음을 저버릴 수 없다. 그런 믿음과 희망마저 없다면 그것은 사회를 포기하겠다는 뜻이기 때문이다. 그래서일까, 〈이상한 변호사 우영우〉라는 드라마는 별다른 스타 없이 커다란 반응을 불러 모았다. 우영우는 어떤 존재인가, 우영우는 어떻게 행동하고 말하는가, 우영우를 왜 사랑하게 되는가.

한국 사회가 공정한가, 정의로운가. 여기서 답할 문제는 아니다. 다만, 근래 등장해 큰 화제를 모은 〈이상한 변호사 우영우〉는 한 가지를 시사한다. 한국 사회에서 공정한 판단을 구하기란 쉽지 않다. 그러나 그러한 사회를 꿈꾼다. 그런 점에서 공정한 법정은 한국의 슈퍼히어로다. 우영우(박은빈)는 서울대 로스쿨을 수석으로 졸업해 변호사로 일한다. 사회적 약자일 수 있는 여성이라는 점을 제외하면, 한국 사회에서 최상류층의 삶을 살 충분한 조건을 갖춘 셈이다. 우영우의 부모는 둘 다 서울대 법대를 나왔다. 그런데 무슨 이유인지 아버지는 김밥집을 운영하고 있으며, 법무법인의 대표인 어머니는 딸의 존재에 대해 알지 못한다. 여기서 좀 갸우뚱해진다. 부모로 인해 최상류층의 조건은 더욱 강화되는 반면, 아버지의 삶은 딸에게 특별한 기운을 전한다. 흡사 우영우가 보통사람을 위한 각별한 의식을 지닌 투사형 변호사가 아닐까, 하는 기대감 같은 거 말이다.

<이상한 변호사 우영우>

    우영우에 얽힌 또 다른 사연은 그에 대한 시선을 좀 더 복잡하게 만든
다. 우영우는 자폐성 장애를 지닌 인물이다. 그래서 뉴스에 밝은 사람들
에게 알려지기도 했으나, 그의 삶은 많은 제약을 받는다. 3화 <펭수로 하
겠습니다>를 보자. 우영우가 변호를 맡을 대상은 그와 같은 자폐성 장애

인이다. 검사는 우영우의 자질을 문제 삼는다. 자폐가 있는 피고인은 다른 범죄자들과 차등을 두어 감형해야 한다면서, 자폐가 있는 변호사의 주장은 다른 법조인들과 동등하게 인정해야 하는가, 라는 질문에 우영우는 답해야 한다.

7화 〈소덕동 이야기〉에서 그는 또 다른 질문과 마주한다. 동료 변호사인 권민우(주종혁)는 우영우가 자폐인으로서 약자로 대우받는 것에 불만을 느낀다. 로스쿨에서도 언제나 1등을 했고 법정 변호에서도 뛰어난 실력을 발휘하는 그가 과연 약자냐는 거다. 그래서 사내 게시판에 익명으로 취업 비리를 고발하는 글을 쓴다. 회사 대표와 우영우의 아버지가 학교 선후배 사이인데, 다른 변호사의 정식 채용이 다 끝난 뒤에 따로 입사한 우영우의 취업에 의문이 든다는 거다.

일견 맞는 말이지만, 우리는 또 다른, 그러나 더 큰 질문을 할 필요가 있다. 로스쿨에서 그렇게 뛰어난 실력을 지녔던 그가 정작 졸업 후 왜 6개월이 지나도록 취업을 하지 못했는지, 동기들은 다 성공하는 취업에 왜 그만 실패했는지, 말이다. 그런데 그 질문에 답하는 건 아주 쉬운 일이다. 우영우가 자폐성 장애인이라서다. 혹자는 이러한 것들을 금수저의 갈등 정도로 파악할 수도 있지만, 우영우의 삶의 조건이 지닌 복잡다기함, 그리고 그것으로 인한 수많은 딜레마는 그냥 드라마의 재미 요소와는 궤를 달리한다. 우영우는 우리가 살아가는 데 있어 느끼는 딜레마들을 전형적으로 지닌 인물이라서다. 부정 취업에 대해 아버지와 대화를 나누던 우영우는 "오롯이 좌절하고 싶습니다, 저는 어른이잖아요."라고 대답한다. 그리고 아버지의 집에서 뛰쳐나온다. 그런 삶에 대한 태도, 용기를 지닌 인물이 지닌 딜레마, 그것을 이야기하는 드라마가 〈이상한 변호사 우영우〉다.

내 친구 우영우의 집은 어디에 있는가

〈더 글로리〉, 〈재벌집 막내아들〉은 한국에서 센 것, 강한 것과 대면했을 때의 이야기다. 다수는 그런 일을 겪을 확률이 낮다. 우선 그런 상대와 만날 확률이 높지 않고, 설사 만나서 나쁜 일을 당하더라도 피하거나 외면하기 때문이다. 보통사람처럼 고개를 숙이고 자기 경계를 지키면 그런 일은 벌어지지 않는다. 두 드라마는 그런 외면이 초래한 악의 사회를 보여준다. 인간은 옳게 태어나지 않았다, 그래도 삶의 여정에서 계속 그러기란 불가능한 존재다, 그래서 간혹 인간이 되어야 한다, 그게 옳은 일을 할 때다, 그때 인간이 된다.

〈이상한 변호사 우영우〉는 살면서 겪는 다양한 일들을 보여준다. 그런 문제에 당면한 인간들 곁에서 우영우는 서툰 말투와 몸짓으로 말한다. 중요한 건 '서툰'이라는 단어다. 그의 법적 지식이 서툴다는 게 아니라 그걸 표출하는 방식이 서툴다. 경쟁 법무법인의 대표였다가 대표직을 내놓고 보통 변호사로서 법정에 선 태수미(진경)의 똑 부러진 말투를 보면서 우영우는 '멋있다'고 생각한다. 자신은 그러지 못한 탓이다. 그런데 우영우의 말투는 우리에게 친구 같은 느낌을 준다. 태수미의 언변은 화려하고 멋지지만 왠지 우리와 다른 언어를 구사하는 것 같다. 우영우의 언어는 서툴러도 법조문이 아니라 우리의 언어라는 인상을 준다. 여기서 '우리'라는 개념도 꼭 약자나 가난한 자에 한정하지 않는다는 점을 주목해야 한다. 이 드라마는 변호의 대상이 돈 없는 자들 같은 약자에 국한된다는 허식을 떨지 않는다. 기업 대표의 아들 같은 이를 위해서 우영우가 변호에 나서는 건 이상한 일이 아니다. 이 드라마가 지지하는 것은 당연한 것들, 상식적인 것들, 정의로운 것들에게 자리를 찾아주는 일이다.

　첫 시즌의 16화 중 특별히 관심을 두고 본 것은 5화인 〈우당탕탕 vs 권모술수〉다. 자폐인인 우영우는 자기를 중심으로 생각하기에 타인의 언어에 익숙하지 못하다. 그래서 상대방이 말하는 대로 믿는 그로서는 거짓과 진실을 판별하기가 쉽지 않다. 그런 그가 맡은 사건의 의뢰인이 거짓을 말한다면 어떻게 되는 걸까. 그는 사건 의뢰인의 얼굴에서 사기꾼의 모습을, 반대로 상대방 의뢰인의 슬픈 얼굴에서 진실을 보게 된다. 거짓된 행동을 말리지 못하고 도운, 게다가 이미 낌새를 알고 있었음에도 그렇게 할 수밖에 없었던 자신으로 인해 슬픔을 느낀다. 진실을 알면서도 모르는 척, 자신을 속이면서 재판에서 이기고 싶었던 자신을 마침내 고백한다. "부끄럽습니다."라는 말은 그래서 법정의 변론보다 깊은 설득력을 지닌다. 그는 상대방 의뢰인이 보낸 편지를 꺼내 자기 사무실에 걸어둔다. 편지의 끝에서 의뢰인은 '소송만을 이기는 유능한 변호사가 되고 싶습니까? 진실을 밝히는 훌륭한 변호사가 되고 싶습니까?'라고 묻는다. 법은 진실이 아니며, 소송에서 이기는 것도 진실은 아니다. 하지만 우영우의 생각은 다를 것이다. 부끄러운 행동을 다시 하지 않겠다는 그의 다짐을 우리는 믿고 싶다.

11화 〈양쯔강 돌고래〉에서 맞벌이 부부 중 아내는 퇴사 권고를 받는다. 남편 대신 아내가 잘리는 것이 내조라는 말을 듣는 상식 밖의 세상이 이곳이다. 〈이상한 변호사 우영우〉는 말의 드라마다. 변호사라는 직업은 클라이맥스에서 말로 승부를 건다. 그 말에 대해 생각해 보자. 우영우의 언변은 번지르르하지 않다. 그러고 싶어도 그러지 못한다. 그럼에도 그는 그 쉽지 않은, 말이 통할 수 있는 사회를 위해 노력한다. 그가 꿈꾸는 사회는 그런 것일 거다. 대화가 가능한 사회. 그의 동그란 눈동자가 더 커지고, 고래의 몸짓이 그의 머릿결 사이로 불어올 때면 우리는 작은 희망을 품게 된다. 고래의 존재와 같은 큰 사회, 큰 마음이 살아 숨 쉬는 사회. 9화 〈피리 부는 사나이〉의 주인공 방구뽕과 우영우와 함께 사는 건강한 사회를 꿈꾸게 된다. 어쩌다 보니 한국 사회는 '공정과 상식'처럼 현실의 삶에서 소중한 단어가 쓰레기 정치 모리배의 입에서 튀어나오는 시간을 사는 중이다. 그 모리배가 복수의 칼날을 휘두르는 전직 검사 출신이란 점이 이색적이다. 〈이상한 변호사 우영우〉는 그런 현실을 곰곰이 따져보는 드라마다. 복수의 광풍이라는 뜨겁게 끈적이는 열풍 사이로 불어오는, 거대한 고래의 몸짓이 낳은 상쾌한 바람과 같은 드라마다.

3

시간 작동
: 역사허구물과 타임 워프

이현경

식민지 조선과 디아스포라

글로벌 OTT를 통해 세계적으로 주목 받은 〈미스터 션샤인〉(tvN 드라마, 2018)과 〈파친코〉(애플TV+ 시리즈, 2022)는 식민지 조선 시대를 배경으로 민족의 디아스포라 서사가 펼쳐진다는 공통점이 있다. 〈파친코〉는 제작 측면에서 보면 K드라마인지 의문이 들 수 있다. 하지만 원작자가 재미교포인데다 작품 내용이 조선인 일가의 80여 년에 걸친 대하 서

사이며, 한국 배우가 주요 배역을 맡고 있다는 점 등에서 K드라마에 포함시킬 수 있다. 그동안 식민지 조선을 배경으로 한 국내 소비용 드라마와 영화는 많았지만 이 두 작품은 글로벌 흥행 성적을 거둔 선두 주자들이라는 점에서 의미가 있다. 특히 조선인이 미국 혹은 일본으로 떠나 거기서 성장하거나 정착하는 디아스포라 양상을 다루고 있다는 점도 유사한 면이 있다. 아마도 식민지 조선에 국한되지 않은 이러한 국제적인 네트워크 스토리가 해외 시장 시청자들의 호감을 얻는 데 유리한 면으로 작용했으리라 생각된다.

〈미스터 션샤인〉은 미 군함이 강화도를 공격한 1871년 '신미양요'부터 이야기가 시작되어 일제 강점기까지 상당히 긴 세월을 다루고 있다. 조선 최고 사대부가 애기씨 고애신(김태리)을 중심으로 그녀와 인연을 맺게 되는 미 해군 장교 유진 초이(이병헌), 백정 출신 칼잡이 구동매(유연석), 부패한 양반집 자제로 애신의 정혼자인 김희성(변요한)이라는 인물들이 구한말과 일제 강점기를 관통하여 살아가는 내용이 기본 플롯이다. 무려 24부작이므로 많은 등장인물이 나오고 이야기도 사통팔달 여러 갈래로 뻗어 있어 서사가 복잡하다. 아름다운 영상과 감동적인 대사가 많기로 유명한 이 드라마에서 가장 눈에 띄는 설정은 노비 신분으로 조선을 탈출하여 훗날 미 해군 대위가 되어 조선에 부임한 유진 초이라는 인물이다.

<미스터 션샤인>

유진 초이는 9살 때 노비인 아버지가 멍석말이를 당해 죽고 어머니는
스스로 우물에 몸을 던지는 처참한 광경을 목도한 후 도망친다. 추노꾼
에게 쫓기던 유진은 도공 은산의 거처에 숨어들고 거기서 은산의 도움으
로 미국인 요셉을 따라 미 해군 군함에 승선하여 미국 땅을 밟는다. 냉정
하게 내치려는 은산에게 유진은 "잡히면 맞아 죽고, 안 잡히면 굶어 죽습
니다. 이 조선 팔도에 제가 살 곳은 없습니다."라고 읍소한다. 사노비를
마음대로 죽이고 팔아도 되는 나라, 강화도 전투에서 잡힌 조선인 포로
를 버린 나라, 어린 유진의 기억에 남은 조선은 무엇 하나 좋은 게 없다.
세계정세 인식도 정확하지 못해 미국을 촌락 정도의 오랑캐가 사는 나라로 알고 있는 조정 대신들은 열강을 외교적으로나 군사적으로나 당해낼 능력이 없었다. 일본 수군 14명이 강화도의 한 마을을 초토화 시킬 정도로 조선은 쇠약한 상태였다.

뉴욕에 도착한 유진은 세월이 흘러 미 해군에 입대하고 미서(미국-스페인) 전쟁에서 공을 세운 후 주 대한제국 미 공사대리 자격으로 조선으로 돌아온다. 유진에게 조선인으로서의 정체성은 거의 남아 있지 않았고, 그는 조선의 젊은이들이 사그라지는 나라를 구하겠다고 목숨을 바치는 행동을 처음에는 전혀 이해하지 못한다. 〈미스터 션샤인〉은 여러 미덕을 갖춘 드라마지만 구한말 조선을 제 3자의 시선으로 냉철하게 평가하고 있다는 점에서 기존 시대극과 차이가 있다. 나라 잃은 백성의 슬픔과 독립운동의 당위성을 선험적으로 전제하고 이야기가 전개되는 많은 드라마와 영화들이 있었다. 일부 탐관오리와 매국노 무리를 악으로 설정하면 대의와 선은 별 고민 없이 정해지는 식이다. 〈미스터 션샤인〉에도 절대 정의를 상징하는 고애신이라는 인물이 있다. 그녀는 드라마의 가장 핵심 인물이고 주제의식을 현현하는 존재이나 사실 캐릭터로서는 좀 평면적이다. 명문 양반가의 지체 높은 규수가 실은 무술에 능하고 독립운동을 한다는 반전이 있긴 하나 고귀한 지체는 처음부터 끝까지 흔들리지 않는다. 고애신이 캐릭터의 발전 폭은 좁지만 드라마의 단단한 구심점 역할을 한다면 그녀와 연관된 세 명의 남성 인물은 변화무쌍하고 시대의 격랑에 휩쓸리는 캐릭터로 그려진다.

〈파친코〉는 식민지 조선과 재일교포(자이니치)의 삶을 세계에 가장 널리 알린 드라마라고 할 수 있다. 전 세계적인 흥행을 했으며 평단이나 드라마 평점 사이트 점수도 매우 높았다. 1000억이라는 엄청난 제작비를 들인 결과 세트가 정교하고 고급스러우며 영상미가 뛰어났다. 1989년 뉴욕 투자회사에서 일하고 있는 재일교포 2세 솔로몬(진하)의 모습에서 시

<파친코>

작된 드라마는 플래시백 되어 1910년대 조선으로 거슬러 올라간다. 현재
와 과거를 계속 오가는 플롯을 통해 시대의 끈이 이어져 있다는 사실을
지속적으로 환기시킨다. 현재의 사건은 솔로몬을 중심으로 전개되지만,
과거의 사연을 구성하는 주요 축은 선자(김민하/윤여정)와 그녀가 만난
두 명의 남성이다. 선자는 어머니가 어렵게 낳은 딸로 아버지의 사랑을

듬뿍 받고 자라지만 일찍 아버지를 여의고 어머니와 하숙을 쳐서 살아가고 있다. 자존심이 강하고 독립적인 선자는 16살에 한수(이민호)와 불같은 사랑에 빠진다.

〈미스터 션샤인〉에서 유진 초이가 그랬던 것처럼 〈파친코〉에서 가장 문제적 인물은 한수이다. 고애신이 그랬듯 선자는 언제나 심지가 굳어서 흔들리지 않는 버팀목 같은 인물이고, 한수는 시대의 흐름에 누구보다 발 빠르게 올라타서 성공가도를 달리는 인물이다. 그런데 그가 추구하는 성공은 조선인으로서의 정체성을 버려야 얻을 수 있는 것이었다. 일본에 정착한 한수와 한수 아버지의 디아스포라는 지긋지긋한 가난밖에 주는 것이 없는 나라를 버린 결과다. 한수는 기존의 비열하고 파렴치한 친일파 매국노의 이미지와는 다소 거리가 있다. 이는 이민호라는 잘 생긴 배우를 캐스팅한 효과와 성공지향적인 냉혈한 캐릭터가 갖고 있는 매력에서 비롯된다. 대중서사에서 빌런은 선한 인물보다 더 매력적인 경우가 많다.

선자가 낳은 아들이 자신의 핏줄이라는 것을 알고는 고뇌에 빠지는 한수의 모습에 일말의 연민이 느껴지기도 한다. 늘 긴장된 삶을 살아야 하는 한수는 때때로 악한이라기보다 식민지 조선이 낳은 탈주자처럼 보이기도 한다. 조선 땅에는 그가 올라설 자리가 없기에 일본 땅으로 탈주해 버린 인물이다. 한수와 대비되는 남성은 선자의 남편 이삭(노상현)이다. 한수의 아이를 임신한 선자에게 청혼을 하고 일본으로 데려가는 이삭은 선자에게 구세주 같은 인물이다. 시류를 읽고 거기서 이득을 취하는 것이 삶의 중요한 방식이라 믿는 한수와는 달리 이삭은 신념에 따라 행동하고 그로 인해 고초를 겪는다. 선자라는 주인공의 양 편에 놓인 이 대비되는 두 남성 인물로 인해 일제 강점기를 살아가는 극단적인 두 가지 삶의 태도를 확인할 수 있다.

글로벌 OTT를 통해 좋은 흥행 성적을 거둔 역사허구물 두 편의 핵심 인물들은 유사한 면이 있다. 공교롭게도 〈미스터 션샤인〉이나 〈파친코〉 둘 다 한 명의 강인한 여성 인물을 가운데 놓고 극단의 남성 인물들을 배치하고 있다. 여기서 여성은 민족적 정체성을 상징하고, 남성은 당대를 살아가는 상이한 방식을 보여주는 존재들이다. 고애신과 선희라는 여성 주인공은 진취적이고 강인하되 남성 인물을 포용하는 부드러움도 갖고 있다. 이에 비해 유진 초이나 한수는 조선에서 버림받고 냉대 받은 인물들로 민족의식 없는 디아스포라이다. 미국인이라는 정체성에서 차츰 조선의 운명에 대해 각성하는 유진 초이와 달리 한수는 조선으로부터 점점 탈주하여 돌아올 수 없는 경계까지 멀어진다. 시대를 표상하는 선명한 캐릭터들의 조합은 〈미스터 션샤인〉과 〈파친코〉의 가장 핵심적인 흥행 요인으로 보인다.

올림픽과 민주화, 레트로와 판타지

복고는 언제나 유행의 한 축을 담당하고 있다. 최근 영화나 드라마에서 소환하는 복고 서사는 1970~90년대가 주된 배경이다. 〈설강화〉(JTBC 드라마, 2021~2022), 〈헌트〉(이정재, 2022), 〈오아시스〉(KBS2TV드라마, 2023), 〈수리남〉(넷플릭스 시리즈, 2022), 〈카지노〉(디즈니+ 시리즈, 2022~2023), 〈재벌집 막내아들〉(JTBC 드라마, 2022), 〈스물다섯 스물하나〉(tvN 드라마, 2022), 〈나쁜 엄마〉(JTBC 드라마, 2023) 등은 1980~90년대 에피소드가 중요하게 다뤄진다. 한국의 1980~90년대를 특징지을 수 있는 키워드는 학생운동, 민주화, 서울 올림픽, 경제 성장 등이 있을 것이다. 이런 키워드들은 드라마에도 고스란히 반영되어 있다.

〈설강화〉, 〈헌트〉는 둘 다 1980년대를 배경으로 하고 있으며 간첩과 안기부 요원이 대립한다는 공통점이 있다. 2000년 이후 간첩을 다룬 영화는 많았지만 드라마는 흔치 않았다는 점에서 〈설강화〉는 이례적인 작품이다. 드라마 방영 당시 민주화 운동 폄훼와 역사 왜곡이 있다는 이유로 방송 중지 국민청원이 올라오기도 했다. 이런 이슈가 있었지만 드라마 순위 1위를 기록하며 시청률은 좋았다. 1987년 민주화 시위가 한창이던 시절 서울의 한 여대생 기숙사에 부상을 입은 남자 대학생(정해인)이 숨어들고 그를 숨겨주던 여대생(지수)과 사랑이 싹 튼다는 내용이다. 멜로, 액션, 스릴러, 뮤지컬까지 뒤섞인 장르 혼성 드라마인데 문제는 남자 대학생이 알고 보니 진짜 간첩이었다는 것이다. 여대생은 그가 운동권 학생인 줄만 알았다가 나중에서야 실체를 알게 된다.

〈설강화〉

기존에 보기 드문 서사라 불편한 면이 있을 수 있지만 달리 생각하면 간첩 서사는 이제 더 이상 확장될 지점이 없다는 반증일 수도 있다. 〈의형제〉(장훈, 2010), 〈은밀하게 위대하게〉(장철수, 2013) 등의 영화에서 강동원, 김수현 등 당대 꽃미남 스타가 간첩으로 등장했을 때 기존의 통념이 깨졌다. 이런 경향은 계속 이어져서 〈공조〉(김성훈, 2017)와 〈사랑의 불시착〉(tvN 드라마, 2019~20)에서 현빈이 두 차례 북한군인 역할을 맡았다. 〈설강화〉도 정해인이 주인공을 맡고 있어 이런 계보를 이어가고 있지만 처음부터 간첩으로 등장했던 앞선 작품들과 달리 운동권 학생으로 보였던 인물이 알고 보니 진짜 간첩이라는 게 시청자들을 불편하게 했던 것 같다. 사랑을 위해 위험을 무릅쓰고 되돌아온다거나 결국은 죽음을 맞이하는 결말은 이와 같은 논란을 피하기 위한 장치로 보인다.

〈카지노〉의 주인공 차무식(최민식)은 파란만장한 유년시절과 청년시절을 보낸다. 약물중독인 아버지 밑에서 가정폭력을 견디며 성장한 무식은 대학을 갈 형편이 못 되지만 좋은 담임선생님을 만나 어렵게 대학에 입학한다. 1980년대 대학 생활을 하던 무식은 우연히 학생 운동에 참여하게 되고 총학생회장에 선출되기도 한다. 이 드라마의 본격적인 스토리는 필리핀에서 카지노 사업을 하는 장년의 무식의 인생에 맞춰져 있다. 혹자는 무식의 청년 시절 이야기를 굳이 드라마에 넣을 필요가 있었을까 의문을 던지기도 한다. 〈카지노〉는 범죄 드라마이지만 한 남성의 인생 드라마이기도 하다. 1960년대 태어나서 가난한 어린 시절을 거쳐 1980년대 대학생으로서 학생 운동을 하던 한 인물이 필리핀 카지노 대부가 되는 여정이 매끄럽게 보이진 않는다. 그렇지만 한편으로는 1980년대 하나의 카테고리에 묶였던 대학생들이 이후 전혀 다른 제각각의 삶의 행로를 밟았던 건 사실이고 이 드라마는 그것을 보여준다.

1980년대는 크게 보면 두 가지 힘이 서로 길항하고 있었다. 대학가를 뒤덮은 최루탄 가스와 '88 서울 올림픽'은 그 두 힘을 상징한다. 민주화 운동과 개발도상국가로의 도약은 서로 이질적이지만 80년대의 두 축이었다. 대한민국 건국 이래 처음으로 굶주림에서 벗어난 시대였지만 산업화의 그늘도 깊어졌다. 최근 레트로 드라마에는 88 서울 올림픽의 어두운 이면을 그린 장면들이 등장하곤 한다. 〈오아시스〉, 〈나쁜 엄마〉에는 올림픽

준비를 위해 강제 도시 미관 사업을 벌이는 에피소드들이 나온다. 출생의 비밀, 한 여자를 사랑한 형제 등 고전적인 모티프를 바탕으로 1970~1990년대 한국 사회의 변화를 그린 〈오아시스〉에는 달동네를 철거하는 에피소드가 그려진다. 살인죄를 뒤집어쓰고 복역한 후 출소한 주인공 이두학(장동윤)은 건달 조직에 몸담게 되고 어느 날 달동네 철거 명령을 받는다. 그런데 달동네를 둘러싼 분위기는 사뭇 달랐다. 철거에 저항하는 달동네 주민들과 달리 날동네 아래 주민들은 아시아 게임과 올림픽 게임에 올 외국 손님들을 생각해서라도 달동네는 치워버려야 한다고 말한다. 〈나쁜 엄마〉에도 올림픽을 앞두고 마을을 강제로 정비하는 에피소드가 등장한다. 당시는 외부의 시선을 몹시 의식한 시절이었다. 반공 이데올로기의 압박, 건국 이래 최고의 경제 성장, 민주화에 대한 열망, 선진국 대열에 합류

한다는 희망 등이 뒤범벅 된 1980년대는 최근 드라마에서 다양한 면모로 재생되고 있다. 전형적인 복고풍 시대극부터 장르 혼성의 판타지물까지 1980년대를 소환하는 방식은 다채로워졌고 이는 그만큼 시대를 바라보는 객관적 거리를 확보했다는 의미일 것이다.

'IMF'라는 비극, 플래시백과 타임 워프

1980년~1990년대 중반까지 한국은 고도성장 사회였다. 〈응답하라 1988〉(tvN 드라마, 2015~2016)를 보면, 수유리 좁은 골목에서 옹기종기 모여 살던 소시민들이 1990년대가 되면 다들 새로 개발되는 강남 아파트로 이사를 하는 모습을 볼 수 있다. 자고나면 아파트가 올라가고 중산층 대열에 합류했다고 믿는 소시민들이 자가용을 사고 해외여행을 다니게 된 시기다. 여행 자유화라는 이름도 생소한 조치가 1989년에서야 이루어진다. 그 이전까지는 여행 사유를 밝히고 정부의 허가를 받아야 해외에 나갈 수 있었다. 후진국에서 개발도상국으로 다시 중진국으로 획획 국가의 위상이 올라갔다. 그러다 1997년 IMF라는 생소한 사태를 맞이하게 된다. 대다수의 국민들은 살면서 IMF라는 단어도 처음 들어보았고 그게 무얼 의미하는지도 몰랐다. 연일 쏟아지는 뉴스를 통해 국제 통화기금의 구제금융을 신청했다는 것을 알았다. 하지만 그 말인즉 국가부도 사태가 발생했다는 뜻이라는 걸 바로 이해하는 사람도 별로 없었다.

<스물다섯 스물하나>

　정작 IMF 사태를 실감하게 하는 건 연이은 기업 도산과 일가족 자살 같은 소식이었다. 그동안 영화에서 이 시기는 여러 각도로 다루어졌다. 최근 드라마 중에는 <재벌집 막내아들>과 <스물다섯 스물하나>에서 IMF가 주요 배경으로 등장한다. 두 작품 모두 시간을 다루는 방식이 독특하다는 공통점이 있다. <재벌집 막내아들>은 타임 워프 형식을 갖고 있는데 환생, 꿈, 백일몽 같은 장치를 사용해 현재와 과거를 오간다. <스물다섯 스물하나>는 딸이 엄마의 과거 일기장을 통해 엄마의 성장 과정을 알게 되는 내용인데 마치 일기장 안으로 들어가 과거를 엿보는 느낌이다. 그런 면에서 단순한 플래시백 구조보다는 판타지 성격이 가미되어 있다.

　액자 구조의 <스물다섯 스물하나>는 중년의 엄마와 고등학생 딸의 갈

등이 현재 스토리인데, 주된 내용은 과거 고등학생 시절 엄마 나희도(김태리)와 이진(남주혁)의 풋풋한 연애 이야기이다. 드라마의 비중은 과거에 훨씬 더 방점이 찍혀 있어 현재는 과거를 소환하기 위한 구실 정도로 보인다. 결국, 1990년대를 살았던 나희도와 이진의 이루지 못한 사랑 이야기가 핵심인 것이다. 이 드라마의 감상 포인트는 '응답하라 시리즈'가 그렇듯 고증이 잘 된 1990년대 물품, 사건, 풍경들이다. 1994년, 준재벌집 아들인 이진은 대학 입학 선물로 스포츠카를 선물 받아 압구정 로데오 거리를 누빈다. 하지만 이진이 군대에 있는 동안 IMF 사태가 발생하고 이진 아버지의 회사는 부도를 맞는다. 집안은 풍비박산 나고 가족은 뿔뿔이 흩어진 채 이진은 허름한 반지하 방을 얻어 혼자 살게 된다. IMF랑은 전혀 무관한 듯 보였던 펜싱 선수 나희도도 그 여파를 맞게 된다. 경제적인 이유로 펜싱부가 해체된다는 날벼락 같은 소식이 들려온 것이다. 희도와 이진의 모습은 1990년대 10대에서 20대를 보낸 시청자들의 마음을 움직였다.

〈재벌집 막내아들〉은 방영 당시 엄청난 인기와 화제를 몰고 온 드라마인데 여러 구설에 오르기도 했다. 한국 근현대사의 팩트를 절묘하게 끼워 넣다 보니 몇몇 재벌가의 실제 이야기를 다룬 것 아니냐며 수군댔다. 심지어는 일부 등장인물은 외모나 말투도 비슷해서 호사가들은 재벌가 누구누구와 연결시켜 해석하기도 했다. 드라마에 등장하는 굵직한 사건들은 놀랍도록 팩트에 기반하고 있어 흥미로웠다. "여러분 모두 부자 되세요."라는 실제 광고 멘트가 삽입되고 노무현 대통령 자료 화면이나 장미란 선수의 올림픽 경기 모습이 등장한다. IMF 사태, 월드컵 4강 진출, 신도시 개발 등 현실에서 소재를 가져온 스토리에 비하면 타임 워프라는 결말은 허망했다.

　재벌가 오너리스크를 관리하는 비서 윤현우(송중기)는 총에 맞아 일주일 동안 병원에서 사경을 헤매는 동안 재벌가 막내아들 진도준 신분으로 17년을 살게 된다. 깨어난 윤현우는 진도준으로 살았던 시절의 기억을 살려 복수를 하게 된다. 최종회가 방영되자 〈파리의 연인〉(SBS 드라마, 2004) 이후 가장 어이없는 반전이라는 의견이 많았다. 최종회의 스토리가 너무 산만하고 급하게 마무리되는 인상을 준다. 재벌가 해체라는 결론을 윤현우라는 한 인물의 참회에 의존하다 보니 이야기가 순조롭게 풀리지 않았던 것 같다. 아마도 시청자들은 진도준으로 살던 시절 패기 있고 영리한 모습을 더 매력적으로 느꼈을 것 같다. 대중서사에서 '봉합'은 피할 수 없는 과제이나 마지막에 너무 비약하는 무리수는 피하는 것이 바람직해 보인다.

4

웹툰
: 유혹, 혹은 미래

이용철

웹툰, 영상과 운명적으로 만나다

2000년대 들어 한국 영화가 폭발적으로 성장하면서 가장 유명세를 거둔 쪽은 연출을 담당한 감독들이다. 영화를 만든 자가 과연 누구냐, 에 대한 대답으로 감독이란 직책이 여전히 유효한 가운데 당연한 일인지도 모른다. 연출을 잘한 감독이 자기 이름을 앞세우는 것에는 고개를 끄덕일 수 있다. 그런데 한국에서 기이할 정도로 이상하게 벌어지는 일은 감독들이 자신의 각본은 물론 각색에 이름을 올리는 데까지 유달리 집착한다는 점이다. 작가 영화의 영역이면 몰라도 대중영화의 각본에 한국의 감독처럼 목숨을 거는 곳은 별로 없을 터이며, 시나리오에 몇 줄 고쳐놓고 어지간한 각색자의 이름보다 감독 자신의 이름을 앞에 두는 문화는 비판받아 마땅하다. 심지어 공동으로 각본을 써놓고 감독 이름만 걸기도 한다. 그러다 보니 작가의 권력은 떨어지기 마련이었는데, 드라마가 시장의 판도를 바꾸면서 작가가 조금씩 제자리를 찾고 있는 것은 다행이 아닐 수 없다.

드라마는 오리지널 각본 외에도 다양한 영역에서 소재를 구하는 중이다. 근래 HBO에서 드라마로 제작돼 좋은 반응을 얻는 〈더 라스트 오브 어스〉(2023)처럼 게임을 본격적인 소재로 사용하는 데까지는 아니지만, 적어도 감독이 크레디트를 가지고 장난을 치는 경우는 사라지지 싶다. 그런 상황 아래 가장 성공적인 소재 제공처로 등장한 곳은 웹툰과 웹소설이다. 웹툰은 단순히 수에서만 자리를 잡은 게 아니라 다양한 장르의 제공처로도 각별히 평가받는다. 특정 소재의 장르에 집중해온 영화와 달리, 웹툰의 소재를 적극적으로 끌어들이는 드라마 장르의 스펙트럼이 더 넓어 보인다. 웹툰이 성공을 거두던 초기에 영화로 제작돼 실패만 연속하던 것과는 사뭇 다른 풍경이다. 〈이끼〉, 〈26년〉 같은 웹툰이 영화화되던 2010년대 초반만 하더라도, 웹툰과 영화의 만남은 그리 행복하지 않았다.

〈신과 함께〉처럼 영화와 웹툰이 극적인 성공을 거둔 것은 근래의 일이다. 웹툰이 이렇게 각광받는 이유로 여러 요인을 꼽을 수 있겠으나, 이 자리에서 그것들을 전부 나열하기란 힘들다. 그것을 따로 연구한 보고서

가 아니기 때문이다. 새로운 세대의 구미에 맞아서 그런 게 아닐까, 라고 답하기엔 너무 무책임하다. 그것보다는 웹툰이라는 것이 어떻게 영상 미디어와 맞아 떨어졌는지 생각해 보는 게 더 흥미로울 것 같다.

＜뮤리엘＞

영혼의 연결 : 메커니즘적인 측면

영화의 두 장면을 떠올려 보자. 하나는 알랭 레네의 ＜뮤리엘＞(1963)이다. 파리에서 불로뉴에 잠시 들른 여자는 길을 걷다 관광 엽서를 둘러본다. 시간과 의식의 단속적 흐름에 관한 영화, 현대음악의 불협화음이 불안감을 조성하는 영화에서 사진엽서는 '여기는 영화 속'이라는 걸 알려주는 장치다. 그는 원형으로 걸린 엽서를 위에서 아래로 쭉 내리면서 훑어본다. 아주 빠른 속도로 내려오는 사진'들'은 불확실하면서도 어떤 이미지를 형성하고, 그녀의 손이 갑자기 흐름을 멈추면 특정한 풍경의 이미지로 진입한다. 다른 하나는, 잭 본드가 그룹 '펫 샵 보이즈'의 노래를 바

<여기서는 그런 일이 없어>

탕으로 만든 음악영화 〈여기서는 그런 일이 없어〉(1987)의 한 장면이다. 펫 샵 보이즈의 닐 테넌트가 오른쪽에서 왼쪽 방향으로 느리게 자전거를 몰며 해변을 통과한다. 해변의 가판점에서 멈춘 그도 그림엽서가 걸린 매대를 돌려본다. 녹이 슬어 끼익 소리를 내며 옆으로 돌아가는 엽서 걸이에서는 전혀 속도가 느껴지지 않는다. 두 영화에 등장하는 엽서는 그렇게 전혀 다른 이미지로 전달된다. 엽서는 그 자체로 움직이는 물체가 아니지만, 그것이 어떻게 걸리고 어떻게 움직이느냐에 따라 다른 느낌의 대상이 된다. 엽서는 경계 바깥으로 나가겠다고 아우성치는 그런 유의 물체가 아니다. 하물며 그런 물체가 연속된 이미지를 형성하는 마당에, 경계 속에 갇힌 필름과 웹툰은 어떠하겠는가.

필름과 웹툰은 사각형의 프레임 안으로 움직이는 물체를 품고 있다. 그 안의 물체가 움직이려면 필름과 웹툰 자체가 운동성을 지녀야 한다. 전자에게 그것이 가능하도록 만드는 게 영사기라면, 후자에겐 손가락이 주어진다. 경계와 연속은 웹툰과 필름이라는 상이한 듯 보이는 두 개의 미디어를 연결하는 특성이다. 경계를 무너뜨리는 건 속도인데, 영사기 움직임의 속도만큼은 아니어도 핸드폰 모니터에 익숙한 현대인의 손가락 속도는 어지간한 기계의 그것을 무색하게 한다. 두 미디어에선 멈춘 이미지(freeze frame)와 쇼트의 연결이 자연스럽게 기능한다. 만화와 소설도 영화의 재료로 쓰이지만, 두 미디어에는 무빙 이미지라는 게 별로 느껴지지 않는다. 사운드와 음악을 대입해 보면 더 확연해진다. 만화의 경우, 칸을 넘어설 때 음향 효과 정도는 개입되지만, 음악적인 연결감은 모자란다. 소설을 읽는 동안, 문자와 라인이라는 데서 몰입감은 상승하지만, 독서에 외부의 개입은 장애가 된다. 반대로, 웹툰의 연속적 감상은 영사기로 돌리는 필름과 같아서 몰입해 따라가다 보면 음향과 음악의 결합이 어느새 이루어질 것 같다.

놀라운 사실은, 웹툰의 전개 과정이 만화보다 영화적 이미지에 더 가까워지고 있다는 점이다. 만화는 프레임 각각에 집중해 보아야 한다. 그 안에 배치된 인물들을 보고, 그리고 그들이 말하는 언어를 읽으면서 하나의 이야기를 완성해 나간다. 그러나 위에서 아래로 스크롤하는 방식으로 접근하는 웹툰은 정지보다 흘러가는 속도에 몸을 맡겨야 하는 대상이다. 영화관에 들어가 스크린 앞에 앉는 순간, 관객은 영사되는 이미지를 멈출 수가 없다. 그 정도의 강제성은 아니어도 독자의 손가락은 웹툰을 상영하는 영사기처럼 일정한 속도로 이미지를 흘리듯 미끄러지며 따라가게 된다. 그러므로 웹툰은 문자보다 이미지에 더 가까운 쪽으로, 복잡하고 어지러운 배치보다 간결하고 선명한 클로즈업 같은 쪽으로 더 신경을 쓰는 예술로 전개되는 중이다. 예를 들어, 영화에서 마스터 숏이 먼저 주어지고 인물의 표정으로 카메라가 이동하는 방식이 웹툰에도 비슷하게 적용된다.

드라마화된 웹툰 중 하나인 〈약한 영웅〉을 보면, 교실 전체, 거리 전체의 풍경은 마스터 숏처럼 먼저, 그리고 한두 번 정도만 제시된다. 이후 곧바로 클로즈업된 이미지로 진입해 인물의 심리를 읽어내게 한다. 그리고 프레임 안과 밖에 여백을 더 많이 둬 이야기의 전개에 질척거리는 것들을 제거한다. 웹툰이 영화와 드라마의 방식을 터득한 것일까. 쉽게 판단을 내릴 수는 없지만, 기계 안에 유령이 숨어 있다고 믿는 시대다. 그러니 미디어 사이에 영혼이 연결되지 말라는 법도 없다.

시간의 얽매임에서 벗어나

대중영화의 상영 시간은 보통 100분 내외다. 예외적인 경우를 제외하면 짧으면 80, 90분 길어봐야 130분 정도다. 영화라는 게 세상에 나왔을 때 상영 시간이 얼마나 지속되어야 한다고 정해진 바는 없다. 초기에는 기술적인 측면에서 어쩔 수 없이 몇 분짜리 영상으로 만족해야 했고, 대중영화와 장르의 문법이 만들어지기 전에는 어마어마한 길이의 영화가 만들어지기도 했다. 전달해야 하는 이야기가 너무 많아 요즘의 드라마처럼 시리즈로 상영된 작품도 있었다. 100분 내외의 상영 시간은 극장과 영화산업, 그리고 관객이 시간의 흐름 속에서 만들어낸 일종의 규칙과 같은 것이다. 안 지켜도 문제가 될 일은 없지만, 극장에 앉은 관객에게 3, 4시간의 영화는 견디기 힘든 오락거리가 될 터였다. 당연히 시나리오는 그 길이에 맞춰 써져야 했고, 거대한 서사극 정도에만 일정한 틀을 벗어나는 게 허용되었다. 소설이 원작일 경우, 영화가 원작을 넘어서는 평가를 받는 경우보다 그 반대가 더 많은 것은 당연한 일이다. 연출의 역량이 원작자의 수준을 못 따라가는 것도 문제겠으나, 2시간 내외의 대중영화가 장편 혹은 거대 서사를 담는다는 건 애초에 구조적으로 힘들다. 이야기를 다 담을 수 없으니 특정 서사에 집중하거나 서사를 축소하는 방식으로 전개될 수밖에 없고, 그 과정에서 원작의 가치는 깎이거나 변형되기 마련이다.

웹툰이 발전하면서 서사 또한 함께 거대해졌다. 과거 한국에서 나온 만화가 거대 서사를 보여주는 경우가 드물었던 것과 비교되는 부분이다. 어마어마한 길이의 일본 만화를 보고 자란 세대가 웹툰의 창작자여서 그런 건지도 모르지만, 어쨌든 웹툰 서사의 길이와 밀도는 생각보다 거대한 게 사실이다. 초기 웹툰과 결합한 영화가 실패한 원인도 거기에서 찾을 수 있다. 대중영화의 상영 시간 내에서 소화하기 힘든 서사를 억지로 구겨 넣었으니 결과가 좋을 리 없다. 인기 있는 웹툰은 수백 화를 넘기기가 일쑤여서 이야기의 길이와 깊이에서 간단하게 따라잡을 대상을 넘어선다. 압축하자니 섬세한 이야기를 파괴하는 셈이고, 다 담았다가는 극장에서 하루 종일 상영해야 할 판이다. 그런 까닭에, 웹툰이 드라마라는 세계와 접속한 것은 자연스러운 결과다. 시리즈로 제작되는 드라마의 회차는 서사에 따라 조절이 가능하다는 이점이 있거니와, 무엇보다 웹툰과 드라마의 리듬이 비슷하다는 게 장점이다. 수백 화를 거듭하는 웹툰으로서는 매회의 끝 무렵에서 다음 회로 넘어가는 문턱을 닦아 두는 게 필요하다. 감정적 세기가 큰 부분을 배치해 다음 이야기를 읽도록 해야 하는 건데, 그것이 연속극의 클리프행어와 다르지 않다. 다음 회를 연속해 보도록 만드는, 그것들이 쌓여 10여 시간의 드라마로 완성되는 것, 거기에서 웹툰과 드라마의 행복한 만남이 이루어진다.

초기 영화의 작가들은 크게 두 부류로 나뉜다. 영화가 오락거리에 불과한 장르여서 소멸할 것이라고 본 측과, 반대로 영화라는 영역에서 또 다른 예술의 탄생을 꿈꾸었던 부류. 후자는 현대 관객들이 상상하지 못할 거대 서사에 도전했다. 하지만 영화의 대중문화적 성격은 그러한 도전을 하지 못하게 발목을 잡았다. 영화사 초기의 대작들이 하나같이 야만적인 대우를 받은 게 그 방증이다.

<탐욕>

　에리히 폰 스트로하임의 〈탐욕〉(1925)이나 아벨 강스의 〈바퀴〉(1923)
는 애초 상영 시간이 8시간, 혹은 그 이상인 대작이었으나 배급 과정에서
참혹하게 잘려나간 상태로 관객과 만났다. 루이 푀이야드의 〈뱀파이어
단〉(1915~1916), 〈쥐텍스〉(1916)나, 프리츠 랑의 시리즈 영화들을 보면,
상영 시간의 길이에서 자유롭고 싶었던 초기 작가들의 꿈이 엿보인다. 그
런 꿈을 재현하려는 시도가 이후에도 여럿 있었으나, 산업과 자본의 권
력은 꿈의 실현을 용납하지 않았다. 웹툰과 드라마의 결합은 그런 역사

를 과거의 것으로 만든다. 과거의 영화가 백 년 동안 이야기의 시간을 억압하는 방식으로 전개된 것과 반대로, 드라마는 서사의 자유를 향한 꿈을 실현하도록 돕는다. 과거에도 드라마는 있지 않았냐고? 보통의 티브이 드라마는 인기에 따라 길이를 들쭉날쭉 조절하는 그런 유의 것이었다. 웹툰과 결합된 드라마는 다르다. 서사의 길이에 맞춰 선행 제작되고 배급된다는 점에서 그러하다. 때마침 21세기의 영화는 시리즈물로 제작되는 형태가 지배적이다. 그 바탕에 카툰이 자리 잡고 있는 것과, 한국 드라마와 웹툰의 결합 사이에는 우연 이상의 운명이 느껴진다. 이야기하기의 자유를 꿈꾸었던 옛 감독들의 열망이 다른 곳에서 이루어지는 중이다.

밑그림, 그 이상으로서의 웹툰

〈코미디 빅리그〉라는 프로그램을 좋아한다. 이 프로그램도 십 년 넘게 진행되면서 프로그램의 소재, 내용 등 포맷의 변화를 자연스레 겪어 왔다. 눈에 띄는 건 소재인데, 초기 방영작인 〈병맛 대소동〉(2013~2014)은 웹툰을 거명한 경우다. 웹툰의 이야기를 변형시킨 게 아니라 그것의 사회적 인식을 끌고 왔다는 게 특징인데, 여기서는 웹툰을 병맛의 대상으로 삼아 놀린다. 심지어 당시 인기 작가인 조석, 귀귀, 이말년 등을 언급한다. 그러니 웹툰을 원작으로 한 영화가 제대로 평가받을 리 없다. 동명의 원작 웹툰을 영화화한 〈다세포 소녀〉(이재용, 2006)가 받은 평가를 생각해 보라. 후반부의 무리수를 제외하면 특별히 못 만든 영화가 아니었음에도, 원작에 대한 어떤 인식이 영화에까지 영향을 미친 게 아닌가 싶다. 내용물이 어디에 담기느냐에 따라 반응도 달라지는 시대다. 현세대에게 음악은 스트리밍을 통해 디지털 파일로 듣는 것으로 인식된다. 그전에는 CD라는 게 있었고, 그 앞으로 LP와 카세트라는 매체도 존재했다. 그러다 근래 들어 LP로 음악에 접근하는 문화가 부활했다. 과거엔 CD보다 저렴했던 LP의 가격이 더 비싸졌으며, LP로 듣는 음악의 맛이 더 고급하다는 인식이 생겼다. 그렇다고 해서 거기에 담긴 음악의 본질이 달라진 것은 아니다.

만화와 웹툰도 그러하다. 본질적으로 만화와 웹툰에 담긴 내용물 – 이야기와 이미지가 혁명적으로 바뀌었다고 생각하지 않는다. 그런데 그것을 어떻게 어디에 담느냐에 따라 그 내용물이 다르게 감지되는 거다. 왜 만화는 밀려나고 웹툰이 드라마를 비롯한 문화의 대세로 자리 잡았을까. 다른 문화적 측면은 차치하고, 드라마로 한정해 본다면 '탁월한 연결성'에서 그 이유를 찾을 수 있다. 웹툰은 영화의 베이스로 역할하는 스토리보드와 얼핏 닮아 보인다. 그림의 완성도란 점에서 차이가 있을 뿐이다, 라고 생각될 정도다. 그것이 웹툰을 영상화하는 큰 장점으로 발전한다. 소설이나 각본이 이야기 혹은 상상의 바탕을 제공하는 반면, 웹툰은 그것을 넘어 이미지를 형상화하는 데 직접적인 도움을 준다. 상기한 바, 웹툰이 이미지의 측면에서 발전을 거듭해온 것도 한몫한다. 작가가 스토리

<다세포 소녀>

보드 용으로 그린 건 아니지만, 웹툰은 스토리보드의 역할을 몇 배로 더 수행한다. 배경이 되는 미술, 물체와 몸에 전달되는 빛의 느낌, 몸의 움직임을 통한 액션, 인물의 연기와 표정은 물론 심리까지 웹툰에는 다 담겨 있다. 그러니 이미지의 연출자는 그것을 재현하는 것만으로도 하나의 영상을 만들기가 수월해진다.

무서운 점은, 웹툰의 역할이 거기서 끝나지 않는다는 데 있다. 웹툰의 전문가와 독자들은 <옥수역 귀신>이라는 웹툰에서 '움직이는 이미지'가 삽입된 순간을 남다르게 평가한다.

평면의 이미지를 보던 중 갑자기 3D 영상처럼 눈앞으로 확 튀어나오는 손의 이미지에 독자들이 기겁을 했다고 전해진다. 이것은 웹툰의 한 기법을 보여준 것에 그치지 않고, 웹툰이라는 것의 향후 발전 가능성을 드러냈다. 영상 작업에 웹툰을 끌어들이는 창작자로서는 그 아이디어까지 흡수할 수 있게 되는데, 정작 영화 〈옥수역 귀신〉(정용기, 2022)은 입체 손의 이미지를 삽입하지 않았다. 원작의 가장 획기적인 부분이 영화에서는 이미 상용화되었기 때문일 수도 있고, 3D 영화의 제작이 거의 부재한 한국에서 따로 입체 이미지를 구사하고 싶지 않았을 수도 있다. 하지만

원작의 포인트를 군이 포기할 필요는 없었다고 본다. 영화가 구식이라는 평가를 받은 데는 그런 이유도 작용했을 것이다. 웹툰은 이 외에도 음악을 삽입하는 등 변화의 끈을 놓치지 않는 중이어서 향후 영상 산업과의 궁합 측면에서 일취월장할 것으로 예상된다. 물론 웹툰 외에도 웹소설, 게임 등이 영상 소재로 쓰이는 현재, 훨씬 혁명적인 다른 소재가 등장할 확률도 없지 않다. 노래의 한 구절을 활용해 알리는 틱톡처럼, 숏폼에 어울리는 사이즈의 단컷 소재 같은 것도 등장하지 싶다. 웹툰이 영상의 길이에 자유를 주었다면, 그것에 역으로 적용되는 예도 나올 가능성이 충분하다.

웹소설 <재벌집 막내아들> 표지 (왼쪽)

드라마 <재벌집 막내아들> 포스터 (가운데)

웹툰 <재벌집 막내아들> 표지 (오른쪽)

세 가지의 <재벌집 막내아들> : 웹소설, 드라마, 그리고 웹툰

알려지다시피 드라마 <재벌집 막내아들>은 산경이 2017년에 발표한 웹소설을 원작으로 한다. 산경의 원작을 뒤늦게 읽으면서 양가적인 인상을 받았다. 웹소설 <재벌집 막내아들>은 1980년대에 재벌을 소재로 인기를 끌었던 만화(그리고 정확한 시기는 기억나지 않지만 기업을 소재로 한 소설류)의 계승자다. 당시에도 예술적인 평가에서 박한 취급을 받던 장르인데, 이게 보다 대중적인 웹소설의 형태로 옮겨온 결과, 이야기 자체에서 문학적 체취가 너무 약하다. 아무리 현실적인 재미를 추구한다고 해도 '이런 존만한 새끼가' 같은 표현을 읽자면 뜨끔한 반응을 숨기기가 힘들다. 그럼에도 이 작품에서 가장 크게 인정해야 할 부분은 현실성이다. 빈곤한 상상이 아닌 작가가 현업에서, 그리고 시간 속에서 직접 경험하고 들은 것들을 소설로 체화한 결과, 육질이 아주 단단하다. 이야기의 배경이 되는 시간을 직접 살면서 통과한 사람들이 보기에 별로 허점이 느껴지지 않는 건 그래서다. 한때 재벌의 수장들이 쓴 회고록이 베스트셀러로 읽힌 적이 있었는데, 따지고 보면 거기 적힌 문자의 밑바닥에 진실성이 얼마나 될지 의문이다. 반면 산경의 원작은 한국 현대사에서 중요한 재벌의 역사, 정치경제적인 관계 등에 정면으로 접근했다. 그리고 그것을 연대기 순으로 정리해 단편적이나마 현대의 역사를 쓰는 데 성공했다. 웹툰 <닥터 프로스트>의 작가로 유명한 이종범이 방송 프로그램에서 '경험을 바탕으로 만든 웹툰'에 대해 언급하는 걸 보았다. 천재적 상상이 바탕이 아니라면, 실제 몸으로 흡수한 것을 쏟아낸 것만큼 생생한 건 드물다.

부르주아 계급에 대한 대중의 남다른 애정은 드라마에 등장하는 빈도만 봐도 알 수 있다. 현실 세계에서 보기 힘든 재벌을 대리로 만나게 해주는 게 드라마다. 그런 점에서 인기를 얻은 웹소설 〈재벌집 막내아들〉이 드라마로 만들어진 건 당연한 수순이다. 문제는 아무리 시리즈로 만든다고 해도 수십 년의 시간에 걸쳐 수백 화로 진행되는 이야기를 전달하는 방식이다. 원작의 한 페이지에서 도준은 '과거의 중요한 기억들 즉, 순양그룹과 관계된 사건들과 사람들 그리고 역사적 사실에 대한 기억이 사라지기 전에 기록할 시간이 필요했다'고 써둔다. 실제로 원작은 수십 년 동안 일어났던 정치경제적인 사건을 시간 순으로 나열했는데, 드라마로서 그것을 전달하는 게 관건이다. 거의 대하드라마 수준인 원작의 구조는 소설에 익숙한 독자나 반길 측면이다. 극중 예측 가능한 미래를 재확인하는 재미는 있으나, 시기별로 진행되는 것들을 다 따라가기엔 지루한 감이 없지 않다. 웹소설과 드라마는 거기에서 차이를 둔다. 게다가 주 관객인 젊은이들에겐 잘 모르는, 이미 역사가 된 사실일 수도 있다. 수십 년 치 신문을 다 읽으라면 그럴 수 있겠나. 드라마는 인물과의 관계를 감안해 가장 중요한 시간과 사건에 맞춰 각색을 진행한다. 그러면서도 단순히 분량을 줄이는 게 아니라, 굵직한 것들을 다시 모으고 집약하는 과정은 긴 정신적 노동을 동반하는 작업이었을 것이다.

드라마의 각색에 대해 엄청난 비판과 불만이 쏟아져 나온 것을 모르는 바는 아니다. 특히 결말에 대해서는 분노에 가까운 반응도 있다. 과거 소설을 원작으로 둔 드라마들이 겪었던 일이 이제는 웹툰, 웹소설과 드라마의 관계로 옮겨온 셈이다. 설사 각색 과정에서 완전하게 옮긴다 하더라도, 오리지널에 익숙한 눈을 이기기란 어렵다. 드라마 〈재벌집 막내아들〉처럼 인물의 관계와 결말에 상당한 터치를 가한 경우에는 더욱 그럴 터다. 하지만 나는 원작의 거친 면을 방송용으로 잘 탈바꿈시킨 결과물이라고 생각한다. 각색에 참여한 작가들이 방송의 격에 맞춰 언어를 구사한 점도 빼어나다. 속도감, 리듬감, 문자보다 편하게 다가올 시각적 표현 같은 기본적인 변화 외에, 작가가 오리지널을 쓴 〈더 글로리〉처럼 국어사전을 찾아봐야 알 수 있는 단어들을 삽입하는 정도는 아니어도, 대중들이 가족과 둘러앉아 볼 수 있도록 어떤 선을 지켜야 한다. 드라마 〈재벌집 막내아들〉의 각본은 원작에서 일부 거부감이 들 언어들을 매끄럽게 바꿔놓았다. 원작자가 자신의 경제적 지식을 뽐내듯이 표현한 것들은 시청자들이 경제, 법 지식이 없어도 보기에 별 무리가 가지 않도록 손질했다. 매니악한 웹소설과, 훨씬 대중적인 방송 드라마의 언어 측면의 차이가 확연하게 드러나는 부분이다. 이것은 원작과 드라마의 시점이 다르다는 점에서 탁월한 선택이다. 원작은 1인칭 시점으로 내면적 서술을 따른다. 그러므로 남에게 들키지 않을 경박한 언어가 술술 흘러나와도 이상할 건 없다. 그러나 객관적인 서술을 지키는 드라마의 언어는 묘사하는 세계의 규칙에 어울리도록 고치는 게 맞다.

문자에 없는 체온을 느끼게 한 부분은 또 어떤가. 도준으로 환생한 현우가 어린 시절 집으로 찾아가 엄마를 만나는 장면에서 몰래 우는 모습, 그리고 이어 찾아온 현재의 어머니 해인과 친모를 겹쳐 보여주는 방식은 영리하며 효과적이다. 순양과 대영 그룹 간의 자존심 대결을 잘 보여준 레이싱 경기 장면도 압권이다. 두 회장의 굵지만 짧은 대화와 불타는 레이싱카, 첼로로 연주된 무거운 음악은 그들의 자존심 대결을 확연하게 드러낸다. 미래의 검사가 되는 민영과 로맨스로 연결하는 설정은 훌륭한 카드이자 건조한 드라마를 촉촉하게 만든다. 관객이 멜로드라마를 얼마나 사랑하는지 알기에 삽입된 부분으로서, 각색 가운데 가장 빛을 발한다. 민영을 포함해, 남성 중심의 원작에 비해 여성 캐릭터의 균형을 잘 잡은 것도 눈여겨볼 부분이다. 그러나 각색의 화룡점정은 엔딩의 변화에 있다(그래서 더욱 시청자의 반발이 거셌는지도 모른다). 앞서 '장르, 둘' 챕터에서 밝혔듯이 드라마 〈재벌집 막내아들〉은 복수의 완성으로 이야기가 끝나면 안 된다는 걸 안다. 그게 이 드라마를 걸작으로 만든다. 이 드라마는 특정 계급에 대한 혐오와 환멸로 끝나서도 안 되고, 반대로 또 다른 계급의 낙담과 공허로 끝맺어서도 안 된다. 현실의 삶으로 돌아온 주인공이 집으로 돌아와 처음으로 하는 행동은 시든 화분에 물을 주는 것이다. 살아야 하는 것의 소중함, 삶을 대하는 시선의 변화는 인물의 성숙을 부른다. 대리운전을 하다 쫓겨난 자기 자신을 바라보며 하는 대사—부를 상속받은 나, 가난을 대물림받은 너, 우린 같은 시간 같은 하늘 아래에서도 다른 세계에 산다. 전생과 이번 생만큼이나, 먼 궤도에서.—

는 현실의 인식과 해법의 고민이라는 측면에서 드라마가 던질 수 있는 훌륭한 질문에 해당한다.

인기 웹소설에서 드라마로의 이동이 당연한 순서였던 것처럼, 인기 드라마 〈재벌집 막내아들〉은 웹툰이라는 또 다른 옷으로 갈아입는다. 산경의 원작, JP의 글, 김병관의 그림으로 갈아탄 웹툰 〈재벌집 막내아들〉은 현재 한창 연재 중인 작품이다. 아직 연재가 끝나지 않아 확언하기엔 무리가 있으나, 웹툰 〈재벌집 막내아들〉은 할리우드에서 블록버스터 영화를 제작하면서 곁다리로 만든 게임처럼 별 의미를 부여하기가 힘든 작품이다. 원작이나 드라마를 보지 않았으면 또 모를까, 웹툰 버전에는 웹소설을 충실하게 옮겨놓은 것 이상이 없다. 즉, 흙수저의 복수 및 성공담이라는 한계에서 벗어나지 못한 각색물이다. 원작에서 드라마로 이동하면서 가해진 세계관의 변화는 사라지고, 원작으로 회귀하는 설정은 하나의 창작물로서 가치를 찾을 수 없게 만든다(아직 결말을 맺지 않아 확신할 수는 없지만, 웹툰의 전개 과정은 드라마보다 원작에 더 가깝다).

유일하게 차별화된 볼거리라면 그림 이미지인데, 여기서도 큰 점수를 주지 못하겠다. 과거 허영만은 〈타짜〉를 연재하면서 엄청난 실험을 한 적이 있다. 연재하는 신문 면 전체를 하나의 컷으로 처리한 것이다. 도박판에서 놀던 사람들이 경찰의 단속을 피해 주변 언덕 아래로 도피하는 장면, 그 인간군상의 이미지는 빼어나게 각색된 영화 버전조차 뛰어넘지 못했다. 웹툰이 현재 40화를 넘어설 동안 그런 정도까지는 아니어도 이미지 측면에서 어떤 인상적인 발견이 없어 다소 실망스럽다. 그런 와중에, 반복되는 얼굴의 이미지가 지겨움을 유발한다. 얼굴의 클로즈업은 영화에서도 자주 사용할 경우 그 효과가 떨어진다. 인물의 표정에서 심리, 내면을 읽도록 돕는 얼굴 컷이 웹툰 내내 이어지는 건 다른 웹툰에서도 종종 발견되는데, '얼굴들로 이루어진 춤(Face Dance)'은 긴요하게 쓰여야 한다. 웹툰 〈재벌집 막내아들〉은 주인공 도준이 피식거리거나 후훗 웃는 얼굴, 반대로 진양철과 재벌가의 인물이 입을 쩍 벌리며 거친 감정을 드러내는 얼굴을 지나치게 반복한다. 얼핏 두어 가지의 표정으로 이루어진 작품 같아서 피로감이 누적된다. 웹툰은 다른 창작물로 발전할 가능성이 높은 장르인데, 웹툰 〈재벌집 막내아들〉은 그게 거꾸로 진행돼 심심하다는 인상을 주는 경우다. 창작물의 창의성에 대해 다시 생각하게 된다.

K

콘

텐

츠

코

드

부록

IV

변승민
클라이맥스
스튜디오 대표
인터뷰

넷플릭스를 잘 활용해 빠르게 성장한 제작사인 클라이맥스 스튜디오는 K콘텐츠의 글로벌 트렌드를 이끌며 가장 왕성하게 활동하는 젊은 제작사이다.

2023년 상반기, 영화 〈정이〉, 〈소울메이트〉를 시작으로, 시리즈 작품으로 〈D.P.〉 시즌2와 〈지옥〉 시즌2, 〈기생수 : 더 그레이〉, 〈유쾌한 왕따〉 등, 영화로는 〈콘크리트 유토피아〉, 〈발레리나〉, 〈황야〉(가제) 등 다채로운 소재의 라인업을 준비하고 있다. 특정 플랫폼과 포맷에 국한되지 않고 다양하게 시도하면서 공격적으로 작품 세계를 구축하고 있는 클라이맥스 스튜디오의 변승민 대표와 만났다.

일　　자 : 2023년 3월 8일. 서울 논현동 클라이맥스 스튜디오 본사
인터뷰이 : 변승민 대표
인터뷰어 : 이용철, 이현경, 정민아
정　　리 : 김지현, 홍승기

편중되지 않은 다양한 장르 제작으로 글로벌 관객의 갈망 충족

최근 활동은 무엇인가?

3월에 영화 〈소울메이트〉를 개봉했고, 〈D.P.〉 시즌2가 올해 3분기 중 공개를 앞두고 있으며 8월에 영화 〈콘크리트 유토피아〉가 개봉 준비 중이다.

〈소울메이트〉는 중국 원작인 〈안녕, 나의 소울메이트〉와는 톤이 다른 부분이 많다. 한국적으로 각색이 잘 된 것 같다.

덕분에 코어 타깃에게 반응이 좋았고 4주차까지 꾸준히 마케팅하며 장기전으로 가는 전략을 택했다. 〈D.P.〉나 〈몸값〉처럼 늘 콘셉트가 센 작

품만 제작하나 할 수 있는데, 〈소울메이트〉 같은 작품도 있다는 걸 보여주고 싶다.

다양한 장르의 작품을 준비 중이라고 들었다.

　장르적으로 편중되지 않게 하고 싶다. 다양한 장르를 보고자하는 관객의 갈망을 충족시키고자 했다. 같은 배우와 또 작업을 하게 되더라도 다른 장르와 이야기로 작업할 수 있게 계획을 한다. 2023년 올해는 〈정이〉와 〈소울메이트〉가 공개됐고, 〈D.P.〉 시즌 2가 공개 예정이며, 〈콘크리트 유토피아〉가 8월, 이충현 감독의 영화 〈발레리나〉 역시 올해 공개가 예정되어 있다. 〈발레리나〉는 넷플릭스 오리지널로 배우 전종서가 주연인 작품이다. 그전까지 시리즈물이 많았다면, 올해는 극장용 영화 2편, OTT 영화 2편, OTT 시리즈 1편 등 다양한 방면으로 대중과 닿을 예정이다.

　가장 흥미롭게 다가온 건, 〈콘크리트 유토피아〉, 〈마켓〉(가제), 〈황야〉(가제), 〈유쾌한 왕따〉까지 네 편의 영화와 드라마가 같은 세계관을 공유하도록 기획한 부분이다. 영화로만 나오는 게 아니라 여타 플랫폼과의 연계를 통해 하나의 유니버스를 형성한다는 점이 한국문화계에 새로운 지형을 형성할 것 같다.

　우선, 외부에 알려진 것처럼 이 작품들을 가지고 '마블 유니버스' 같은 세계관을 한국에서도 만들어 보겠다는 거창한 관점으로 시작했던 것은 아니다. 그보다는 프로듀서의 마인드로 한 땀씩 확장하려는 시도를 했다고 보는 것이 맞다.

순서상으로 엄태화 감독의 〈콘크리트 유토피아〉를 가장 먼저 찍었다. 영화 〈콘트리트 유토피아〉는 김숭늉 작가의 웹툰 〈유쾌한 왕따〉의 2부에 해당하는 내용이지만, 설정을 제외한 나머지 스토리는 사실상 원작과는 완전히 다르다. 대지진이 일어난 후 살아남은 단 한 채의 아파트라는 설정을 구현하기 위해 물리적으로 큰 세트를 지어야 했다. 이를 위한 예산 협의 과정에서 제작사와 투자사가 예상하는 예산의 격차가 매우 컸고, 더 많은 예산을 확보하기 위해 같은 공간을 활용해 더 찍을 수 있는 콘텐츠들을 개발하면 어떻겠냐고 투자사에 제안했다. 구체적인 시나리오가 없는 상태에서 시작되었지만, 〈콘크리트 유토피아〉의 아트워크를 보여주며 후속 작품들의 촬영이 이어질 수 있도록 여러 작품들의 프로덕션을 동시에 진행했다. 결국 문제를 창의적으로 해결하기 위해서 나왔던 아이디어가 이렇게 발전한 것이다. 왕가위 감독이 〈동사서독〉을 만들다 B급 코미디 〈동성서취〉를 동시에 만든 것처럼.

그래서 〈콘크리트 유토피아〉 다음으로 찍은 두 번째 작품이 〈마켓〉(가제)이다. 신인인 홍기원 감독과 함께 배우 홍경과 이재인이 출연한다. 마티유 카소비츠의 〈증오〉처럼 젊은 아이들의 시선에서 풀어본 경쾌한 범죄물이고, 일곱 개의 에피소드로 이뤄진 시리즈물이다. 〈유쾌한 왕따〉의 경우 김숭늉 작가의 동명의 웹툰 1부 내용을 원작으로 한 10부작 시리즈다. 〈소울메이트〉 민용근 감독과 작업했고, 『파리대왕』 같은 작품을 만들면 좋겠다는 아이디어로 설계했다. 마지막 작품인 〈황야〉(가제)는 마동석 배우와 작업했고, 허명행 무술감독의 연출 데뷔작이다.

각각의 작품들을 개발하고 준비하는 과정에서, 과연 이 세계관을 창조하고 융합하는 것이 상업적으로 좋을까에 대한 의문이 생겼다. 오히려 각 작품이 지닌 고유의 개성과 이후의 확장성을 제한하게 되는 것은 아닌지 고민하게 됐고, 관객과 시청자 입장에서는 허들이 될 수도 있겠다는 생각도 든다. 세계관을 공유한다는 점이 관객이 모든 작품을 이어서 볼 수 있도록 하는 구심점이 될 수 있는 동시에, 어느 한 작품이 무너지면 다른 작품들까지 그 영향이 미칠 수 있다는 점 역시 제작사로서 고민할 수밖에 없는 지점이다. 그래서 각 작품들이 고유한 색깔을 지킬 수 있도록, 결과적으로는 독립적인 이야기들을 창작했다. 물론 시작점이 '대지진'이라는 공통된 설정이었기 때문에 같은 배경을 공유한 것처럼 보이기도 한다. 하지만 네 편이 모두 연결성을 지녔다고 보기에는 배우나 이야기가 강한 개연성을 갖도록 직조하지 않았다. 일종의 느슨한 연대 같은 개념으로 따로 또 같이 봐주시면 좋을 것 같다. 네 편 모두가 다른 장르와 이야기들이지만 모두가 휴머니즘이라는 공통된 주제의식으로 향해 나아가는 모습을 볼 수 있을 것이다.

제목이 '콘크리트'이고 근미래 느낌의 세계관을 가졌는데, 일본 만화 『철콘 근크리트』과 비슷한 풍인가?

그렇게까지 나가지는 않고, 현대에 벌어진 재난과 사건이다. 황폐화된 공간에서 벌어지는 사람들의 이야기이다. 블랙 코미디, 규모가 있는 스릴러, 액션 등 여러 포지션이 있다. 독특한 질감과 장르, 새로운 얼굴들을 만나게 될 것이다.

<콘크리트 유토피아>

선례가 없는 새로운 길을 개척하고 있는 한국 콘텐츠

코로나 이후, 한국의 미디어 환경이 많이 변화되면서 이전과는 다른 한국적인 특징을 찾고 있다. 어떤 모델 없이 큰 그림을 만들어나가고 있는데 이 새로운 길의 개척을 어떻게 이어가는지 궁금하다.

넷플릭스 오리지널에서 1등하고 싶은 욕망으로 글로벌한 시장을 보는 것은 일시적인 것 같다. 우리 회사는 다작을 하는 편이고, 그러다 보니 다양한 작가와 배우, 스태프를 만나게 되었다. 제작사 입장에서는 이들을 조합해야 하다 보니, 서로 다른 창작자들이 좀 더 빠르게 뭉칠 수 있게끔 길을 함께 걸어 나갈 동반자 역할을 해야 한다고 생각했다. 박찬욱 감독, 김지운 감독 등 여러 감독들께서 멋진 발자취도 보여줬다. 이분들은 미국에 들어갈 때, 스태프도 데려가고, 배우도 데려가며 자신만의 방식으로 뿌리를 계속 해외에 뿌려나갔다. 새로운 영역을 뚫는 역할을 했다. 하지만 산업적인 시스템이 함께 해외에 넘어갔던 건 아니라고 생각한다.

기술의 혁신이 미디어에서는 늘 중요한 변곡점을 만들었다. "해외여행이 자유화되었네?", "경부고속도로가 생겼네?"처럼 함께 나아갈 수 있는 새로운 흐름을 만들었다. 그 안에서 레퍼런스가 없다 보니 계속해서 부딪히고 있는 것 같다. 한국에 있는 플레이어들뿐만 아니라 해외의 많은 프로듀서들, 배급사, 투자사들이 먼저 많은 관심을 갖고 접촉을 시도한다. 미국은 장르나 스타 시스템이 안정화되어 있는데, 한국의 측정불가한 어떤 작품이 한 번씩 그쪽 산업에 귀한 촉매제가 된다. 영화라는 산업 자체가 효율을 따지기엔 애매하기 때문에 미디어가 변화하는 환경을 고려해 한국의 좋은 시스템을 해외 시장에 접목시키고 싶다.

한국에서 드라마와 시리즈, 영화를 만드는 것 다음으로 해외의 파트너와 함께 시장에 자연스럽게 진입하고, 그 이후에는 우리가 주도적으로 여러 가지를 할 수 있는 능력을 갖추는 것이 목표다. 많은 투자사와 배급사들이 2~3년 사이에 콘텐츠 프로바이더로 전향하는 시기를 보냈다. 한국에서 작품을 만들려고 할 때 인건비가 비싸지고, 한국시장에서 수익이

날까말까 불안정하고, 극장 가격은 지탄받기 좋고, 거기에 코로나까지 터지면서 산업적으로 불투명했다. 더 큰 시장으로 나가야 한다는 공감대가 있었다. 해외에 단순히 리메이크 판권만 판매하고 끝나는 것이 아니라 제작 주체로서 주도적으로 확장하려고 하는 것이 선두기업의 아젠다이다.

그간 한국 영화를 소개할 때 '한국'에 역점을 두었다. 한국의 콘텐츠가 하나의 장르가 된 지금, 정체성 문제는 어떻게 될까.

그런 고민은 항상한다. 뿌리에 대한 것이며, 정체성은 계속 지속되는 고유한 특성이다. 특히, 콘텐츠를 만들 때 고유한 정체성이라는 이름을 붙인다는 건 위험하다고 생각한다. 빠른 변화 안에서 정체성은 재정립된다. 변화하는 산업 안에서 정체성 고수를 인위적으로 가할 때, 끊임없이 변화하는 사회를 따라가지 못할 것이다. 정체성은 과거의 특성을 지속하기 보다는 스팟 별로 다시 정립해야 한다고 생각한다. 의복, 음식, 사극 등 고유한 한국의 이미지가 있지만, 지금 시대에서 한국의 정체성을 만든다는 건 다른 문제고, 미래에는 또 달라질 수 있다.

J팝, K콘텐츠처럼 하나의 웨이브를 묶는 데 언어가 필요하다. 변화를 이해해야 하니까. 하지만 앞에 수식어를 붙이는 것은 여전히 마이너한 영역임을 인정하는 것이다. 이러한 흐름들이 계속해서 이어지고 넓어지면, 그냥 콘텐츠를 잘 만드는 나라로 포지셔닝이 될 것이다. 앞으로 K팝, K콘텐츠와 같은 언어의 구분이 사라지지 않을까 한다.

코로나를 전후해 목표를 구체화했는지 궁금하다.

투자배급사에서 일을 시작해서 많은 작품을 동시에 펀드레이징하고 준비하는 경험이 많다. NEW와 워너브라더스사에서 쌓은 네트워크와 경험치가 제작사로서의 경쟁력이다. 그중 첫 번째가 생산성이다. 영화나 시리즈는 대중과 만나는 흥행사업이며 확률은 거짓말하지 않는다. 다양한 작품들을 많이 만들수록 그 확률이 높아진다고 생각한다. 지속적으로 플레이어들을 가동할 수 있는 파이프라인을 만들면서 지금 기회를 엿보는 아티스트들이 활동하는 구심점이 되려고 한다. 그러면 서로의 영향력을 경험하며 자연스럽게 시스템이 만들어질 것이다. 그들이 창작 이외의 시간을 허비하지 않도록 환경을 조성하고 싶다.

회사의 연혁이 얼마나 되었나?

2019년도 8월부터였으니까, 이제 4년 지나 5년차가 되었다.

기존에 쌓아둔 작품도 많은데, 여전히 여러 작품을 준비하는 과정에서 해외까지 신경 써야 한다. 잠은 언제 자나?

직장생활 할 때는 워라벨을 늘 잘 지켜왔다. 그런데 창업을 하면서는 밸런스를 맞추기가 힘들더라. 그래서 그냥 워라벨은 없다고 생각하다 보니, 일이라는 게 부정적으로 느껴지지 않고 즐기면서 하게 된다. 남들이 쉴 때 일하고, 남들이 일할 때 쉴 수 있다. 아무런 경계 없이 작업을 즐기면서 이어가고 있다.

내가 워너브라더스에서 근무할 때 많은 배급사들이 생겼다. 헤게모니가 계속 바뀌어 가고 있다고 생각했다. 나는 전공이 영화와 상관이 없다. 영화는 어렸을 때부터 하고 싶다고 생각했지만, 학교 안에서 새로운 걸 배우고 싶었다. 앉아서 TV만 봤던 시기도 있었고, 첫 영화 스승은 TV의 〈출발! 비디오 여행〉이었다. 그 프로그램에서 언급하는 감독들의 작품을 보고, 아핏차퐁 위라세타쿤 같은 이름을 외우려고 하고, 이상한 자의식에서 아는 척하고 싶은 시기가 있었다. 그러다가 대학에서 영화에 관심을 가진 크루들이 모여 영화 작업을 시작하게 되었다.

젊은 나이에 여러 도전을 하고 싶어서 NEW라는 회사에 들어갔는데 2009년도에 공채 1호로 들어가 자그마한 사무실에서 배급팀에서부터 시작해 계속 나아가다 자연스레 내가 잘할 수 있는 것들을 선배들의 선례와 결합할 수 있게 됐다.

시기에 맞춰 할 수 있던 것들을 해왔다. 내가 생각하기에 우리 회사의 감독들은 독립이든, 상업이든 이전 작품을 실패해본 경험이 있는 감독들이다. 실패를 맛본 분들이 성공할 확률이 더 높고, 절벽에 섰을 때 성공할 힘도 강해진다.

포스트 코로나가 진짜 기대되는 이유

한국 상업영화가 흥행이 시원치 않다. 드라마만 잘 된다는 느낌이 든다. 산업이 한쪽으로 쏠리는 문제가 있다. 이런 상황 아래 클라이맥스의 작품 기획과 구성의 방향은 어떠한가?

화제성이 포인트다. 극장용 영화의 개봉일이 결정될 때, 방송 편성 드라마와 영화 개봉을 실시간으로 보면서 화제성이 얼마나 될까 예측한다. 요즘에는 시청률이나 관객 수 이전에 구전, 바이럴, 실시간으로 확산되는 작품에 대한 평가, 그리고 재확산에 대한 것을 경험하다 보니 '화제성'이 작품 유통에 중요하다고 생각한다. 시청률은 낮지만 화제성이 더 뛰어난 작품이나 배우도 많다. 영화와 시리즈는 완성되기까지 2~3년의 시간이 필요하니까, 몇 년 뒤를 예측해서 만든다는 것은 결과론적인 말이다. 작품의 소재나 장르가 모여 있는 것처럼 보여도 유행을 따라 기획했다는 것은 결과론적인 해석으로 적절하지 않다.

작품을 기획할 때, 작품에 남겨질 댓글을 상상한다. 〈몸값〉 같은 경우를 예를 들면, 배우들의 광기가 화제가 되고, 원작에 대한 관심, 원테이크에 대한 신선함을 느꼈다는 반응을 생각하며 이 요소들을 잘 만들어낼 수 있는 감독과 스태프를 찾게 된다. 역으로 생각하기를 시도한다. 작가의 아이디어나 원작으로부터 시작될 수 있지만, 관객이 작품이 끝난 후 느낄 감상들을 생각하며 스스로 시뮬레이션을 돌리며 기획한다. 〈소울메이트〉도 비슷하다. 젊은 여배우들이 공석인데 새로운 방향을 줬으면

좋겠다, 감독이 섬세하고 디테일하다, 착하고 예쁜 영화가 한국에서 만
들어지기 힘들어졌는데 다시 만들어질 수 있는 시발점이면 좋겠다 등 여
러 기준을 생각하며 기획했다. 프로듀서로서 생각한 반응이 나오면 제일
성취감을 느낀다.

<소울메이트>

제작비 면에서 100억 이상 영화나 10억 이하 영화만 있고, 그 사이 규모의
영화가 없다. 중급 규모 영화의 제작 등 해법은 없는 걸까?

클라이맥스가 만든 〈소울메이트〉, 〈방법 : 재차의〉가 중규모 제작비
영화다. 더 미니멀한 작품들도 많았다. 성공 사례들이 많이 나와야 한다

고 본다. 대작이라고 말하는 작품들의 상업적인 성과가 좋지 않은 경우가 많았고, 투자사들 입장에서도 대작이 무조건 성공 확률이 큰 시장이 아니라는 걸 안다. 작은 영화 같은 경우에는 OTT가 하는 물량 공세를 따라가기 힘들고, 이름 있는 배우를 캐스팅하기도 힘들며, 화제성을 만들어내기도 어렵다. 악순환이다. 그 싸움을 누가 먼저 끊어내느냐가 중요한 것 같다.

시장을 예측하며 작품을 제작할 때, 한국 관객을 우선적으로 생각하겠지만, 현재 콘텐츠가 실시간 글로벌로 확산되는 환경에서 글로벌한 수용을 생각하며 기획을 하는지 궁금하다.

제일 정확한 방법은 각국의 지역 전문가에게 물어봐야 할 것이다. 그래서 초반 진입할 때는 외국 시장을 잘 아는 파트너가 꼭 필요하다. '로컬은 로컬이 제일 잘 알아.'라는 생각이 있다. 이게 가장 간단하면서도 중요하다. 해외 프로젝트를 하면서 경험이 많은 파트너와 일을 하면 알게 될 부분이다. 파트너로부터 간접 경험을 한다.

소재만으로 반응이 오는 경우도 있다. 예를 들어, 연상호 감독이 〈기생수 : 더 그레이〉라는 작품의 촬영을 완료했다. 해외에도 잘 알려진 원작이 있고, 마니아가 있는 작품이다. OTT 시리즈에서 선호하는 장르, 액션과 볼거리, 해석에 대한 부분 때문에 국내뿐만 아니라 해외에서도 반응이 좋을 것으로 기대한다. 넷플릭스 같은 글로벌 OTT가 투자한다는 점자체가 필터링이나 검증이 되는 것이라고 생각한다.

〈D.P.〉와 같은 경우에는 작품성은 자신 있었지만 해외에는 한계가 있다고 생각했다. 징병에 대한 이해도에 따른 차이가 크기에 글로벌 마케팅이 한계가 있다고 판단하고 글로벌 예고편을 공개하지도 않았다. 그러나 지금은 가장 한국적인 일일드라마, 가령 〈신사와 아가씨〉 같은 작품도 해외에서 인기를 끌고, 통속극이라고 생각하는 드라마들을 많이 본다. 〈기생충〉, 〈오징어 게임〉에 나온 배우들의 얼굴이 익숙해지면서 해외 시청자들이 다른 작품을 찾고 하면서 범위가 넓어진다. 이렇듯 상황이 매해 달라진다. 3년 전 〈D.P.〉가 나왔을 때는 내수용이라 판단했다. 그러나 같은 소재, 같은 플랫폼인 〈D.P.〉 시즌2가 글로벌 시장에서 반응이 어떨지를 보는 것은 한국 콘텐츠가 글로벌 유통시장에서 얼마큼 달라졌는지, 로컬적 소재가 글로벌 시장에서 얼마나 수용되는지 살펴볼 수 있는 바로미터가 될 것이다. 〈D.P.〉 시즌2가 해외에서도 잘된다면, 넷플릭스에 한국적 소재도 충분히 세계에 어필할 수 있음을 설득할 때 기준이 될 수 있을 것이라고 본다. 한국 콘텐츠가 많이 유통되어서 글로벌 시청자 입장에서 장벽이 없어졌다는 점을 입증할 것이다.

작품을 하면서 태도가 점점 바뀐다. 정체성이나 방향성이 그래서 계속해서 바뀌게 되는 것 같다. 나는 K팝이나 K예능까지 글로벌 대중의 지지층이 생긴 요인은 바로 '잘 만들어서'라고 생각한다. 한국 냄새가 나서 좋다기보다 잘 만들어진 콘텐츠라 관심을 갖는 것이다. 잘 만든 한국 냄새가 효과적이다. 한국 음식, 한국 문화가 무조건 성공을 보장한다고 보지 않고, 이를 뛰어넘는 게 창작자들의 숙제다.

코로나 시기 동안 많은 영화가 제작되지 못하거나 후반작업을 못하거나 개봉되지 못해서 정체되어 있다. 그러는 사이 시나리오들의 퀄리티가 정말 좋아졌다. 검토하는 작품들의 디테일이 좋다. 콘셉트와 소재 및 시장성에 대해서는 다르게 판단할 수 있지만, 작품의 완성도를 보면 오래 취재하고, 퇴고에 퇴고를 해서 글이 정말 좋다는 인상이 있다. 투자 결정이 되고 만들어지기까지 몇 년이 걸리겠으나, 포스트 코로나 그 이후의 콘텐츠들이 더욱 기대된다. 산업이 호황일 때는 감독 믿고, 소재 믿고 가기도 했지만, 코로나를 겪으면서 글이 숙성되었으므로 2~3년 후 이 기획들이 다 작품화가 될 때는 정말 재밌는 시장 상황이 되겠다, 라고 생각한다. 정체되었다고 느낀 이 시장 자체가 숨고르기이자 허들을 더 높이는 치열한 예선전이 되지 않았나 한다. 한국에서 1등하면 세계에서 1등 한다. 그래서 신인 작가들이 더 어려워진 것 같다. 기성 작가들도 이 치열한 예선전에서 허들을 넘기가 쉽지 않다. 작품을 만들 기회가 줄어들었지만, 이 시기를 잘 넘긴다면 더 큰 도약의 시기가 찾아올 거라고 믿는다.

프로듀서가 된 감독과 배우

젊은 제작사 대표로서 이전과 다른 점이 있다면?

앞으로 할리우드 방식으로 감독과 배우도 'EP(Executive Producer, 제작 총관리)'화 될 것이다. 연상호 감독과 그런 면에서 잘 맞는다. 생산성 있는 감독이면서 비즈니스 감각이 좋고, 새로운 시도를 통해 깨지더라도 계속해서 나아가자는 게 본인의 콘텐츠 철학이다. 자본에 대한 책임을 명확하게 알고 있기도 하다. 나는 모든 감독들께 고수하고 싶은 건 끝까지 욕심을 부리거나, 그렇지 않은 경우는 고민의 시간을 짧게 갖고 이틀 안에 판단을 해라, 그렇게 요구한다. 끝까지 욕심을 부리고 판단을 빨리 하는게 웰메이드 상업영화를 만드는 감독의 공통 특징이다.

많은 배우, 감독들이 자기 기획을 하고 싶어 한다. 범위에 대해서는 많은 영역 파괴가 있을 것 같다. 이정재 배우가 〈헌트〉를 연출한 것처럼. 해외에서는 젊은 배우들도 주도적으로 EP 역할을 하고 있다. 그런 것처럼 한국도 비슷하게 갈 것이다. 많은 배우들이 직접 글을 써보며 기획과 연출에 대해 고민한다. 기획부터 배우와 논의 중인 작품들이 다수 있다.

〈정이〉에 대해 이야기하고 싶다. 모녀 관계라는 신파적인 요소를 알고서도 넷플릭스가 받아들인 게 궁금하다.

〈정이〉는 미니멀한 단편 소재로 만들어진 작품이다. 이런 작품도 필요하다고 생각한다. 테크닉 쪽으로 도전하고 싶은 영역이기도 했다. 화려하고 복잡한 부분이 있으면, 어떤 한 부분은 심플해야 관객이 받아들이기 좋다. 하는 이야기도 많고, 보여주는 것도 많으면서 욕망의 절충이 되지 못하면 이도저도 못하는 성취가 나온다. 만족도가 갈리더라도 우리가 목표로 한 부분은 성취했다.

어떤 심볼과 작업해보는 게 중요하겠다는 합의가 감독과 제작자인 나 사이에 있었다. 제작자로서 젊은 감독들과 주로 작업하지만, 우리가 가진 노하우를 가지고 지금은 활발하게 활동하지 않더라도 한국영화 산업을 일군 선배 감독이나 배우와 함께 하고 싶었다.

대런 아로노프스키가 브랜든 프레이저를 기용하는 방식처럼, 시장이 잠시 잊었지만 원래 보석이었던 영화인과 작업을 하면서 우리가 배우는 것도 있을 것이고, 우리가 가진 유산을 이어가는 방법이라고 생각한다. 감독, 작가, 프로듀서 모두 새로운 얼굴 찾기를 하고 있다. 기성세대에게는 익숙하지만, MZ세대에게는 신선한 얼굴로 강수연 배우가 닿기를 바랐다.

\<정이\>

드라마와 영화를 오가는 분들도 있지만, 한쪽이 더 어울리는 분도 있다. 한 준희 감독의 경우, 영화보다 〈D.P.〉의 성취가 더 좋아 보였다.

한준희 감독은 모든 캐릭터에 심혈을 기울인다. 6부작이라는 분량 안에서 이 장점이 극대화되어 발현되었다고 생각한다. 영화감독과 작업할 때 6부작 정도의 시리즈가 적합하다고 생각했다. 영화 촬영시 버려지는 촬영 분량을 생각하면 2시간 기준으로 영화를 만들던 감독들에게 6부작 분량은 수면의 이야기를 드러내기에 좋은 분량이라고 생각했다.

그럼에도 극장은 죽지 않을 것이다

극장은 어떻게 될 것 같나?

영화라는 영상매체가 있는 한, 극장은 당연히 지속될 것이라 생각한다. 다만, 상업성이나 수익에 대한 비율은 이미 많이 바뀌었고, 현실을 받아들여야 한다. 비정상적일 정도로 어느 하나의 유통 채널이 수십 년 간 고정되어 있었다. 슈퍼에 가야지만 물건을 사던 과거와 달리, 핸드폰 하나로 내일 아침에 물건이 배달되는 시간이 도래했다. 상품으로 영화를 소비하는 데 이런 허용성을 오랫동안 준비하지 않았다. 온라인으로 물건 사는 사람도 있지만, 전통시장을 가는 사람도 있다. 직접 물건을 사는 즐거움을 좋아하는 사람도 있듯이(공산품이 아니고 문화상품이라는 차이는 있으나), 극장에서만 가치를 지니는 영화의 영역은 여전히 존재한다.

어느 순간부터 멀티플렉스를 시작으로 극장이 너무 많이 생겼고, 한국 인구에 비례해서 극장에 가는 횟수가 너무 많았던 점도 사실이다. 어느 시기동안 쌓여왔던 거품이 빠지고 있는 것이라고 본다. 극장이 이제는 영화 관람만을 위한 공간이 아니라 유희의 공간으로 바뀌는 시기가 되었다.

전반적으로 미래를 밝게 바라보는 것 같다. 글 쓰는 능력이 탑재된 감독 부분도 그렇고, 극장 산업의 다이어트기(期)라는 표현이나, 한국적 로컬러티의 수용이라던가. 원래 긍정적인 편인가?

지금 이렇게 주목받고 좋은 작품들도 하고 있지만 상황은 얼마든지 변화할 수 있다. 일단 가보고 시도를 해보자는 마인드다. 비관적으로 보고 싶지 않다. 작품을 만드는 동안 문제라 말하는 것들이 너무 많다. 코로나, 스캔들, 날씨 등 하루에도 오만 가지 문제가 생긴다. 프로듀서들은 그런 문제를 해결하는 역할을 한다. 문제가 발생하면 풀이 과정을 즐기면서 문제를 해결하면 된다. 습성이 몸에 배어서 스트레스를 오히려 덜 받는 것 같다.

능력 있는 아티스트를 어떻게 찾는가?

잘하는 사람들 옆에는 잘하는 사람들이 있다. 함께 작업한 감독에게서 연출부 라인 중 누가 다음 넥스트라 생각하는지 묻는다. 그분들의 대답을 신뢰한다. 많은 시간을 보내며 검증을 한 분들의 이야기니까 추천을 받고서 열심히 탐색하려고 한다. 큰 규모의 돈을 짧은 시간에 써서 많은 이들에게 평가받는 직업이라 어떤 사람과 함께 하는가가 가장 중요하다.

그리고 평론가들의 역할이 중요하다. 물리적으로 봐야 할 것이 너무나 많은데, 이것들을 걸러주는 평단이 절실하다. 다음 세대의 플레이어들을 발굴하는 것이 K콘텐츠를 지속시키는 역할이다. 이창동, 홍상수, 봉준호, 박찬욱 같은 스타 감독들을 평단에서 발굴하여 지금의 위치까지 왔다. 그래서 평론가들이 작품, 작가, 감독에 대해 많이 논의해주시면 함께 성장하는 데 도움이 될 것이다. 영화 어떻게 봤는지 솔직하게 바로바로 피드백을 주시면 좋겠다. 작품에 대한 다양한 평가가 절실하다. 평론을 꼼꼼하게 읽는다. 댓글도 다 읽는다. 균형과 견제가 함께 하는 것이 필요하다.

평론의 역할을 중요하게 여기는 건가.

제작자가 어떤 작품을 할 때, 협력을 위해 신뢰할 수 있는 평론가와 만나면 좋겠다. 서로가 전문성을 가지고 있어야 한다. 뛰어난 창작자도 누군가의 의견을 절실히 듣고 싶어 한다. 다양한 소통은 작품이 좋아지기 위해서는 꼭 필요한 일이다.

예능, 다큐멘터리도 비전이 있다고 보는지.

K팝, K드라마가 인기 있게 된 것처럼 이제는 예능이다. 한국 예능은 독보적이고 아카이빙적으로도 과거로부터 축적된 것이 많다. 최근에 화

제가 된 〈피지컬 100〉부터 시작해, 확장된 유통 채널로 예능이 가니 큰 자본도 쓸 수 있고 퀄리티가 올라갔다. 현재의 한국 예능은 유튜버와 경쟁한다. 그래서 더 창의적이고 빠르게 움직인다. 앞으로는 기술적 도움을 받아서 일반인들이 긴 영상을 쉽게 만들 수 있는 산업 영역이 발전하면 좋겠다. 웹툰, 유튜브에서 활약하는 일반인이 만드는 고 퀄리티 영상 콘텐츠의 산업화를 기대해 본다.

최정순
촬영감독
인터뷰

독립영화 촬영감독으로 시작한 최정순 촬영감독은 TV 드라마와 OTT 시리즈로 영역을 확장하며 20여 년간 활동하고 있다. 영화와 TV 드라마의 영역 이동이 어떻게 이루어지면서 현재에 다다르고 있는지, K콘텐츠의 변화와 현황, 그리고 비전은 어떠한지 제1선에 활약하고 있는 현장인의 시각에서 이야기를 들어보았다.

영화 〈허수아비들의 땅〉, 〈사월의 끝〉, 드라마 〈킬힐〉 〈트롤리〉 등의 필모그래피가 있다.

일   자 : 2023년 2월 23일. 서울시 합정동 모 사무실

인터뷰이 : 최정순 촬영감독

인터뷰어 : 이용철, 이현경, 정민아

정   리 : 김지현, 홍승기

2000년대 들어 영화와 드라마 제작이 절충되기 시작하다

경력을 어떻게 시작해 이어오고 있는가.

1975년생으로 영화 조수로 일을 시작해 광고도 찍으며 4년을 보냈다. 그러다 우리나라 밖의 세상에 갈증이 있어 해외에서도 작업했다. 그때까지만 해도 30대 초반에 데뷔해야 한다는 인식이 있었는데, 지금은 많이 바뀐 것 같다. 마흔 넘어 상업 퍼스트하는 분도 많다. 퍼스트로도 충분히 돈을 벌 수 있게 된 상황이다. 30대 초반에 다시 한국으로 복귀했는데, 촬영 조수 쪽보다 내 이름으로 촬영하는 이력을 쌓기로 했다. 독립영화 장편, 단편을 많이 촬영했다. 결혼하고서 생활을 이어가기 힘들던 중 드라마 촬영을 할 기회가 생겼고, 그것을 계기로 촬영을 계속할 원동력을 발견했다.

작업을 시작한 연도는 언제인가? 아날로그 시절부터 촬영을 시작했나?

아날로그 시대에 첫 작품을 필름으로 찍었다. 조수 일을 시작한 게 1997~98년도이다. 2006년에 국내로 돌아와 2008년쯤에 장편을 촬영했

다. 2000년대 초반 소니에서 F900 카메라가 만들어져 세미나도 하고 그랬는데, 이게 영화판을 바꿀 정도의 좋은 퀄리티는 아니었다. 그래서 영화 쪽에서는 바로 아날로그에서 디지털로 넘어가지는 않았는데, '레드'라는 카메라가 나오면서 판도가 바뀌기 시작했다. 이후 '아리'에서 디지털 카메라가 나온 후 본격적인 디지털 시대가 열리게 되었다.

영화 쪽에서 드라마로 넘어간 시기는 언제인가?

OCN에서 방송된 〈히어로〉라는 작품을 계기로 드라마 촬영을 시작했다. 당시는 영화 쪽 사람들이 드라마를 터부시하고, 반대로 드라마 쪽 사람들은 영화와 거리를 두던 시기였다. OCN 채널은 영화와 드라마 사이가 절충되는 채널이었다. OCN의 연출자 가운데 기존 드라마와는 차별화된 룩을 위해 영화 촬영감독을 찾는 분들이 있었고, 자연스레 영화 쪽 스태프들이 넘어가게 되었다.

영화와 드라마 사이의 경계가 허물어지던 시기였던 것 같다. 감독님 외에도 자리를 옮기는 예가 많았나?

많지는 않고, 다른 방송 채널에 비해 OCN에 영화 스태프들이 넘어가는 경우가 좀 있었던 정도다. OCN에서 여러 장르물이 기획되다 보니 그랬지 싶다. 촬영 스태프가 들어가면서 미술 쪽 스태프도 영화에서 드라마로 함께 이동하는 경우가 생겼다.

현재는 영화보다 드라마를 메인으로 작업을 이어나가고 있다. 드라마 촬영감독으로 일찍 넘어가기도 했고, 경제적인 면에서도 영화보다 그쪽의 구조가 훨씬 안정적이다. 영화는 저예산영화, 독립영화부터 큰 규모의 상업영화까지 편차가 크지만, 드라마의 예산은 거의 대부분 비슷해서 안정성을 제공한다.

OTT가 생기면서, 영화와 드라마의 경계를 구분 짓지 않는 시대로 접어든 것 같다. 촬영감독뿐만 아니라 연출자 또한 영화와 드라마를 공히 제작하게 된 것처럼 말이다. 〈법쩐〉(SBS, 2023)이라는 공중파 드라마의 경우, 연출자가 원래 영화를 했던 이원태 감독(〈대창 김창수〉, 〈악인전〉)이다. 앞으로는 점점 더 드라마와 영화의 구분 없이 경계를 넘나들며 작업하게 될 것이다.

한 작품에 참여하면 거의 한 해가 지나간다. 군이 타이트한 일정으로 진행하면, 추가 프로덕션의 절반 정도를 더 촬영하는 게 가능하기는 하다. 그럴 경우, 매일 밤새며 피곤해지고, 결국 삶의 환경을 고민하게 된다. 그래서 지금은 주 52시간 근무제를 지키며 촬영을 진행한다. 일상을 유지하며 작업하는 편이다.

드라마 업계의 상황이 보다 안정적이다.

2010년대를 지나며 표준근로계약서가 나오고 프로덕션에 변화가 생겼다. 2000년대 초반과 비교해 현재 프로덕션을 진행하면서 느끼는 차이는 무엇인가?

제일 큰 건 '시간'이다. 주 52시간 근무제로 정해져 있다 보니 기준이 계속 달라진다. 한 달 기준으로 하는 경우도 있고, 주 단위 기준으로 나누기도 한다. 편당 계약하는 때가 있는가 하면, 스태프에 따라 일당으로 계약하는 경우도 있다. 개인적으로는 조금 쉬면서 작업하는 게 맞다. 안 그러면 체력적으로 힘들다. 처음 프로덕션에 왔을 때, 쪽잠을 자가며 일 해야 하는 상황이다 보니 건강을 챙기기 어려웠다. 3시간밖에 자지 못한 채 촬영을 또 시작하려니 이러다 죽겠다는 생각도 했다. 그래도 가정이 있고, 기회를 잡았으니 일해야 하는 상황이었고, 어떻게든 버티면서 촬 영해야겠다 생각했다. 지금은 건강을 관리하며 촬영을 진행할 수 있다. 사실 주 52시간 근무제로 바뀐 지는 얼마 되지 않았다. 영화 쪽에서 시작 돼, 드라마는 주 68시간 근무제로 1~2년 정도 했다. 주 52시간 근무제는 2~3년도 안 된다.

각본은 완고 상태에서 프로덕션이 진행되나?

그런 드라마도 있고 아닌 드라마도 있다. OTT같은 경우에는 대개 8화 정도로 짧아서 완고를 받는다. 그런데 12~16화의 드라마는 한 번에 다 받기가 어렵다. 예전에는 4화까지만 받고 진행하기도 했는데, 요새는 그 래도 8~10화 정도의 대본은 받고 시작한다. 근래 들어 쪽대본은 더 이상 흔한 케이스가 아니다.

영화는 끝날 때까지 모두가 함께 작업을 이어나가는 느낌이라면, 드라마는 분업화가 되어 있어 자기가 맡은 부분만 일을 처리하고 떠나는 그런 분위기가 있지 않나.

현장 스태프들이 함께 있는 건 비슷한데, 아무래도 드라마가 양도 많고 이동이 많다. 찍어야 할 분량도 많다. 영화보다 이동해야 할 로케이션과 동선이 크다 보니 효율적인 프로덕션을 진행하기 위해 개별적으로 움직이게 된다. 효율성을 생각한다면 이런 분위기가 잘못된 것은 아니다.

코로나 이전과 이후로 크게 다른 게 있나?

코로나로 인해 촬영을 진행하는 것이 쉽지는 않았다. 그런 반면, 〈오징어 게임〉 같은 사례에서 보듯 코로나와 함께 OTT도 함께 떴다. 결과적으로 촬영이 정말 많아졌다. 디즈니, 넷플릭스 등에서 물량 확보를 하기 시작하면서 방송국에서도 산하에 속해 있던 드라마콘텐츠팀이 분화돼 외부에서 일을 진행하고 있다.

방송사에도 촬영 직원이 있지 않나?

내가 데뷔할 때만 해도 방송국 안에 팀이 있었는데, 지금은 외부에서 들어와 촬영하는 경우가 많아졌다. 내부직원들의 '전속' 개념은 이제 거의 없어져, 본사에 있는 사람들만 쓰지 않고 외부 사람들을 많이 고용한다. 분야 면에서도 드라마에만 국한하지 않고 다른 분야의 방송 프로그램도 촬영한다.

기존 방송에 있던 스태프와 영화에서 넘어온 스태프 사이의 소통에는 문제가 없나?

다 그런 것 같다. 영화도 해보고, 광고도 해보고, 드라마도 해보면서 느낀 부분인데, 어디서든 발생하는 문제다. 광고하는 사람들은 영화인들이 거칠다고 말하고, 영화인들은 광고 쪽 사람들을 예쁜 이미지만 챙긴다고 말하는 등 서로 선을 긋는 부분이 있었다. 드라마 세팅인데 영화감독이 온다고 하면 불안해하는 분위기도 있었다. 영화 하던 사람이 드라마 쪽에 가서 일하다가 중간에 해고되는 사례도 있었다. 그래도 지금은 서로의 차이를 받아들이며 적응하려고 한다. 지금은 서로 선 긋기보다 새로운 인연과 기회에 닿으려고 노력한다.

OTT 드라마와 공중파 드라마의 환경 차이가 있나?

플랫폼의 차이가 아니라 제작사 베이스가 무엇인지가 더 중요하다. 베이스가 영화냐 드라마냐에 따라 편차가 심하다. 영화 하던 사람들이 많은 곳은 영화처럼 작업한다. 한 플랫폼 안에서도 제작사의 스타일에 따라 상이하다.

근래 영화의 상황이 안 좋다 보니 드라마 분야로 이동하는 분들이 많은 것 같다.

영화는 큰 규모의 예산이 지배적인 상황이다. 소소한 규모의 영화들도 흥행하던 예전 상황에서 많이 바뀌었다. 그래서 영화에서 드라마도 이동하는 경우가 많아지는 게 아닌가 싶다. 젊은 세대 스태프들도 영화보다는 드라마로 시선을 돌리고 있다. 영화만 찍겠다는 촬영감독은 예전보다 줄어든 상황이다. 아울러 코로나 이후 극장을 찾는 관객이 많이 줄었고,

영화의 다양성과 기회의 측면을 해치지 않을까 우려스럽다.

한때 영화 스태프들이 중국에서 많이 작업하던 시기가 있었는데, 그 경험과 현재 상황이 어떻게 느껴지나 궁금하다. 몇 년 사이에 폭발적으로 성장한 OTT도 거품이 빠질 수 있지 않을까.

그 당시에 중국 작품에 참여했던 적이 있다. 중국 작품이라 본명으로 활동하지 못하고 중국이름으로 대체해 활동해야 했다. 그 시기와 비교해, 2~3년 사이에 OTT와 드라마 등 여러 시리즈물이 늘어나는 동시에 배우와 스태프들의 개런티도 높아져 어느 정도 거품이 있을 것으로 본다. 소문에 의하면 거대 OTT에서 너무 큰 제작비의 작품은 잘 받지 않는다고 한다. 돈이 올라가다 보니 공중파 드라마도 점차 줄고 있는 것으로 안다. 금요일과 토요일에만 드라마를 방영한다거나, 편성을 바꿔 드라마를 하나둘 지우는 변화가 일어나는 중이다.

상업성을 추구하는 드라마, 다양성을 잃어가는 영화

유럽에서 공부하고 돌아왔는데, 다른 나라들과 비교해 한국 드라마의 위상이나 위치가 어느 정도라고 느끼는가?

아내가 프랑스인이다. 말하는 걸 들어보면, 한국 영화와 드라마뿐만 아니라 K콘텐츠 전반에 대한 붐이 확실히 있다. BTS의 영향이 크다. 내가 한국에 살아서 그렇게 느낀 것일 수도 있는데, 와이프 주변의 직장동료나 학생들 말에 의하면 BTS 공연과 음악에 관심이 정말 많다. 그 외에도 아내와 딸은 한국 드라마를 즐겨 본다. 확실히 K콘텐츠의 영향력이 크다고 생각한다. 해외에서 유명세를 얻으려는 감독들이 OTT에 도전하는 경우가 늘어나고, 배우들도 마찬가지다. 기회의 폭이 많이 넓어진 게 사실이다.

촬영감독만의 예술적 감각을 작품에 담아낼 수 있는 환경인가.

영화도 드라마에도 기본의 틀이 있다. 그 틀 안에서 절충하고 타협하면서 작업을 해나간다. 독립영화처럼 자율성이 완전하게 보장되는 건 아니지만, 감독과 함께 소통해가며 아이디어를 찾아 나간다. 소통이 결국 제일 중요하다.

스크린 상영이 우선인 영화와 비교해, 가정용 모니터나 TV화면을 고려해야 하는 드라마 촬영의 차이는 무엇인가.

방송을 베이스로 했던 분들과 작업하게 되면 약간의 두려움을 갖고 있어 보인다. 대부분 드라마는 좀 더 밝아야 한다고 생각하더라. 영화가 분위기로 서사를 전달한다면, 드라마는 배우의 대사나 스토리를 통해 서사가 전달되는 것이 중요하다고 생각들을 한다. 배우의 바스트가 중요하다고 자주 이야기하곤 한다. 내가 촬영한 〈트롤리〉의 경우, 드라마라고 해서 꼭 드라마만의 이미지를 고집해야 한다고 생각하지 않고 작업했다.

<트롤리>

넷플릭스 오리지널 영화 〈스마트폰을 떨어뜨렸을 뿐인데〉는 아담한 스케일의 스릴러물이다. 큰 규모의 상업영화가 대세인 극장과 달리, OTT 플랫폼이 극장에 없는 다양성을 충족시켜주는 게 아닌가, 하는 생각이 든다. 젊은 감독의 영입 상황은 어떤가.

신입의 유입이 쉽지 않다. 영화는 작은 규모의 영화도 있고 제작지원을 받을 수 있는 폭이 넓다. 반면 드라마는 100% 상업이다 보니, 규모가 기본적으로 작지 않다. 당연히 상업적 성공이 중요해질 수밖에 없으므로, 경력이 뒷받침되지 않는 신인 연출자들에게는 기회의 폭이 넓지 못하다.

젊은 신인 감독이 MZ세대의 요구에 더 부합하지 않을까.

감독의 나이가 많다고 해서 감각이 떨어지는 건 아니다. 사람에 따라 다르다. 제작 규모가 크다 보니 현장에서의 감각적인 능력이나 융통성이 중요하다. 제작의 완수에 대한 안전성 또한 보장되어야 한다. 영화 만들다 드라마로 온 감독들을 보면 기본적으로 프로필이 한두 작품이 넘는다. 아무리 단편영화를 잘 연출했다고 해도 신인 감독에게 기회가 쉽게 주어지지 않는 건 그래서다.

OTT가 커지다 보니 반대로 영화산업은 빈곤해진 느낌이다. '균형감'에 대한 우려가 있다.

새로운 상업영화 감독이나 시나리오가 잘 나오지 않는 것 같다. 기성세대는 영화를 극장에서 봐야 한다는 생각을 가지고 있는데, 그들이 생각하는 영화와 현세대가 생각하는 영화의 차이가 있다고 본다.

TV드라마와 OTT의 미래

스타급 배우들은 클로즈업과 관련한 요구사항들이나 계약이 있지 않나?

여배우들도 그렇고, 남배우들도 제작사에서 뷰티 계약을 많이 한다. 후반 보정을 CG나 DI 쪽에서 해주는 것으로 안다. 촬영하고 있는 사람 입장에서는 좀 다르다. 그 나이만이 가질 수 있는 질감이나 톤을 화면 안에 담아내려고 한다.

예능이나 다큐멘터리는 또 다른 분야인가?

예능은 완전히 다르다. 회사 자체가 다르다. 예능 분야에서 촬영하는 분들은 따로 있다. 간혹 알바로 참여하는 경우는 있겠으나, 예능은 완전히 별개로 움직인다. 드라마와 영화 사이를 오가는 것과 다르다.

다큐멘터리는 또 다른 분야다. 독립 다큐멘터리의 경우, 사실 돈이 되는 경우가 거의 없다. 그래서 인맥을 통해 다큐멘터리 작업의 기회가 닿는 때가 많고, 그것에 맞춰 예산은 내려놓고 진행하게 된다. 방송사에서 진행하는 대형 다큐멘터리는 비교가 되지 않는다. 장기 프로젝트이다 보니 본사에서 내부 인력으로 촬영하는 편이다.

OTT에서 예능이 늘어나는 추세다. 방송사도 비슷한 상황인가?

회사마다 다르다. 드라마가 돈벌이가 되는 해가 있는 것처럼, 예능이 잘 될 때가 있다. 해마다 편차가 있다. 예능은 우리끼리 소소하게 소화하던 프로그램이라 생각했는데, 〈피지컬 100〉을 통해 새로운 예능도 만들어질 수 있다는 가능성을 봤다. 〈피지컬 100〉 이후로 새로운 형태의 예능들이 많이 나올 수 있지 않을까, 생각한다. 공중파에서 노출하기 어려운 수위의 내용이나 영상을 담아내거나, 규모가 큰 세트를 제작하는 시도가 일어날 것이다.

밀리던 지상파가 새로운 활로를 찾아나가는 것 같다. 〈신사와 아가씨〉같은, 중장년층을 겨냥한 KBS의 일일드라마가 해외 넷플릭스 상위권에 오르는 예가 생겼다.

지상파 일이 확실히 많기는 하지만, 개인적인 작업 면에서는 앞으로 줄어들 것 같다. 평균 제작비가 너무 올라가 10개의 에피소드로 제작하려던 드라마를 6화로 축소하기도 한다. 전체적으로 축소하되 퀄리티를 높이는 경향을 보일 것으로 예상된다.

촬영 시스템 면에서 과거와 현저하게 달라진 부분이 있나?

디지털로 넘어오며 '레드'나 '아리' 같은 카메라들이 섞이고 있다. 장비도 예전에는 원캠으로 찍었는데, 기본적으로 투캠을 겸비한 작품이 늘어나면서 장비와 인력이 확장되고 있다. 그래서 직접 렌탈숍을 운영하는 촬영감독도 있다.

촬영감독으로 일하는 분들의 연령대는 어떠한가?

내가 조수로 시작하던 시기에는 70세 정도의 원로 촬영감독들도 활동하고 있었다. 요즘에는 70대까지는 못 들어봤고 60대 촬영감독들은 존재한다. 근래에는 30대에 입봉한 촬영감독들이 아마 젊은 편일 것이다. 나도 최대한 오랫동안 작업을 하려고 한다. 예전처럼 밤잠을 안 자고 촬영을 진행하는 경우는 없어졌고, 휴식 시간이 보장되니까 체력적으로나 시스템적으로 괜찮다.

대부분을 CG로 작업하는 영화가 있는 반면, 드라마는 어떤가?

버츄얼 스튜디오(Virtual Studio)를 말하는 것 같다. 아직까지는 드라마 쪽에선 예산 문제로 버츄얼 스튜디오로 찍는 경우가 별로 없다. 한국 영화도 버츄얼 스튜디오로만 찍는 예가 흔하지는 않다. 스튜디오 내의 인력이 부족하기도 하고, 비용 대비 제작 결과를 확신하기가 쉽지가 않기 때문이다. 실제 결과에 대해 부정적인 경우도 있었지만, 계속적으로 연구하는 분야여서 향후 발전하는 방향으로 바뀔 것이다. 새로운 기술에 대한 부담이 크지는 않다. 오히려 어떤 모습일지 궁금한 편이다.

지금 현장에 들어오는 인력은 영화과나 방송과 출신인 경우가 많은가?

조수들을 보면 대부분 방송영상과나 영화과에서 온다. 영화는 영화과를 나온 사람들이 80%다. 드라마 경우, 영화 쪽 스태프들처럼 '내가 영화 감독이 되어야지.' 하는 마음으로 작업에 참여하는 사람들은 별로 없다. 작품에 대한 애정 면에서 다소의 온도차가 느껴진다. 처음에는 그런 분위기가 어색했지만, 지금은 수용하는 자세로 스태프들과 작업에 임하려 한다. 영화와 드라마 사이에 명확하게 선을 긋고 나누는 시대가 아니다. 연출하다가 촬영할 수 있고, 촬영을 하다 편집을 시도해볼 수 있는 것처럼, 다양한 시도와 기회의 폭이 넓다. 그래서 성실한 자세가 제일 중요하다.

마지막으로 덧붙이고 싶은 이야기가 있나?

시리즈물이 줄어들게 될 것 같다. 예산도 그렇고, 물량 확보에 대한 문

제가 많기도 하고, OTT의 거품도 있다고 생각한다. 수요에 따라 변화가
또 한번 일어날 것 같다. 영화인으로 시작했기 때문에 개인적으로 영화
를 촬영하지 못하고 있다는 아쉬움이 있다. 하지만 개인의 삶으로 봤을
때는 행복한 가정을 꾸리는 동시에 하고 싶은 일을 이어간다고 본다. 현
재 업계에 속해 활동하는 삶에 만족하며 살아가고 있다.

작품
정보

〈#살아있다〉 2020

제작 : 영화사 집, 퍼스펙티브픽쳐스 ㅣ 연출 : 조일형 ㅣ 각본 : 맷 네일러 ㅣ 출연 : 유아인, 박신혜, 전배수, 이현욱

〈1박2일〉 2007~현재

KBS 예능 ㅣ 연출 : 이정규, 주종현, 박영광, 윤화정, 김현우, 황하나, 유재현, 고가영 ㅣ 작가 : 최혜란, 고은빈, 유지혜, 민희진, 이지영, 이재성, 나윤, 박민경, 윤다영 ㅣ 출연 : (시즌 4) 연정훈, 김종민, 문세윤, 딘딘, 나인우, 유선호

〈6시 내고향〉 1991~현재

KBS 시사교양 ㅣ 출연 : 윤인구, 가애란

〈26년〉 2012

제작 : 영화사청아람 | 연출 : 조근현 | 원작 : 강풀 | 각본 : 이해영 | 출연 : 진구, 한혜진, 임슬옹, 배수빈, 이경영, 장광

〈82년생 김지영〉 2019

제작 : 봄바람영화사 | 연출 : 김도영 | 원작 : 조남주 | 각본 : 유영아 | 출연 : 정유미, 공유, 김미경, 공민정, 박성연

〈D.P.〉 2021

넷플릭스 6부작 드라마 | 제작 : 클라이맥스 스튜디오 | 연출 : 한준희 | 원작 : 김보통 | 각본 : 김보통, 한준희 | 출연 : 정해인, 구교환, 김성균, 손석구

〈GP 506〉 2008

제작 : 보코픽쳐스, 모티스 | 연출 : 공수창 | 각본 : 공수창, 필영우 | 출연 : 천호진, 조현재, 이영훈, 이정헌

〈X맨을 찾아라〉 2003~2007

SBS 178부작 예능 | 연출 : 장혁재 | 작가 : 유희선 | 출연 : 유재석, 강호동, 이혁재, 하하, 박명수, 김제동

〈가면의 여왕〉 2023

채널A 16부작 드라마 | 제작 : 더그레이트쇼, 래몽래인 | 연출 : 강호중 | 각본 : 임도완 | 출연 : 김선아, 오윤아, 신은정, 유선

〈갯마을 차차차〉 2021

tvN 16부작 드라마 | 제작 : 스튜디오드래곤, 지티스트 | 연출 : 유제원, 권영일 | 각본 : 신하은 | 출연 : 신민아, 김선호, 이상이

〈거미집〉 2022

제작 : 앤솔로지 스튜디오 | 연출 : 김지운 | 각본 : 신연식 | 출연 : 송강호, 임수정, 오정세, 전여빈, 크리스탈

〈걸캅스〉 2019

제작 : 필름모멘텀 │ 연출 : 정다원 │ 각본 : 정다원 │ 출연 : 라미란, 이성경, 윤상현, 수영, 엄혜란

〈겨울연가〉 2002

KBS2 20부작 드라마 │ 제작 : 팬 엔터테인먼트 │ 연출 : 윤석호 │ 각본 : 윤은경, 김은희 │ 출연 : 배용준, 최지우, 박용하, 박솔미, 류승수, 이혜은

〈경이로운 소문〉 2020~2021

OCN 16부작 드라마 │ 제작 : 스튜디오드래곤, 네오엔터 │ 연출 : 유선동 │ 원작 : 장이 │ 각본 : 여지나 │ 출연 : 조병규, 유준상, 김세정, 엄혜란, 안석환, 이홍내, 옥자연, 정원창, 최광일

〈곡성〉 2017

제작 : 폭스 인터내셔널 프로덕션 코리아 │ 연출 : 나홍진 │ 각본 : 나홍진 │ 출연 : 곽도원, 황정민, 쿠니무라 준, 천우희

〈꽃보다 남자〉 2009

KBS 25부작 드라마 │ 제작 : 그룹에이트 │ 연출 : 전기상 │ 원작 : 카미오 요코 │ 각본 : 윤지련 │ 출연 : 구혜선, 이민호, 김현중, 김범, 김준

〈고요의 바다〉 2021

넷플릭스 8부작 드라마 │ 제작 : 아티스트스튜디오 │ 연출 : 최항용 │ 각본 : 박은교 │ 출연 : 배두나, 공유, 이준, 김선영, 이무생, 이성욱

〈골때리는 그녀들〉 2021~현재

SBS 예능 │ 연출 : 김화정, 권형구, 김다정, 김주원, 김동효, 강동현, 허재훈, 조영우 │ 기획 : 박성훈 │ 출연 : 배성재, 이수근

〈공동경비구역 JSA〉 2000

제작 : 명필름 │ 연출 : 박찬욱 │ 각본 : 김현석, 이무영, 정성산, 박리다매, 박찬욱 │ 출연 : 이영애, 이병헌, 송강호, 김태우, 신하균

〈공조〉 2017

제작 : JK필름 | 연출 : 김성훈 | 각본 : 윤현호 | 출연 : 현빈, 유해진, 김주혁, 장영남, 이동휘, 윤아

〈교섭〉 2023

제작 : 영화사 수박, 원테이크 필름 | 연출 : 임순례 | 각본 : 안영수 | 출연 : 황정민, 현빈, 강기영, 이승철, 정재성

〈괴물〉 2006

제작 : 영화사청어람 | 연출 : 봉준호 | 각본 : 봉준호, 하준원, 백철현 | 출연 : 송강호, 변희봉, 박해일, 배두나, 고아성

〈괴물〉 2021

JTBC 16부작 드라마 | 제작 : 셀트리온엔터테인먼트, JTBC스튜디오 | 연출 : 심나연 | 각본 : 김수진 | 출연 : 신하균, 여진구, 최대훈, 최성은

〈궁〉 2006

MBC 24부작 드라마 | 제작 : 에이트픽스 | 연출 : 황인뢰 | 원작 : 박소희 | 각본 : 인은아, 이지원 | 출연 : 윤은혜, 주지훈, 김정훈, 송지효

〈기생충〉 2019

제작 : 바른손 E&A | 연출 : 봉준호 | 각본 : 봉준호, 한진원 | 출연 : 송강호, 이선균, 조여정, 최우식, 박소담, 이정은, 장혜진, 박명훈, 정지소

〈길복순〉 2023

넷플릭스 오리지널 영화 | 제작 : 씨앗필름 | 연출 : 변성현 | 각본 : 변성현 | 출연 : 전도연, 설경구, 이솜, 구교환, 김시아

〈김비서가 왜그럴까〉 2018

tvN 16부작 드라마 | 제작 : 본팩토리, 스튜디오드래곤 | 연출 : 박준화 | 원작 : 정경윤 | 각본 : 백선우, 최보림 | 출연 : 박서준, 박민영, 이태환, 강기영, 황찬성, 표예진

〈꽃보다 할배〉 2013~2018

tvN 총 38부작 예능 | 제작 : CJ ENM | 연출 : 나영석, 박희연 | 기획 : 이명한 | 출연 : 이순재, 신구, 박근형, 백일섭, 이서진, 최지우. 김용건

〈나는 자연인이다〉 2012~현재

MBN 예능 | 기획 : 김시중 | 연출 : 김도윤 | 출연 : 이승윤, 윤택, 정형석

〈나쁜 녀석들〉 2014

OCN 11부작 드라마 | 제작 : 얼반웍스미디어 | 연출 : 김정민 | 각본 : 한정훈 | 출연 : 김상중, 마동석, 박해진, 조동혁, 강예원

〈나쁜 엄마〉 2023

JTBC 14부작 드라마 | 제작 : 드라마하우스스튜디오, SLL, 필름몬스터 | 연출 : 심나연 | 각본 : 배세영 | 출연 : 라미란, 이도현, 안은진, 유인수

〈나의 해방일지〉 2022

JTBC 16부작 드라마 | 제작 : 스튜디오피닉스, 초록뱀미디어, JTBC스튜디오 | 연출 : 김석윤
각본 : 박해영 | 출연 : 이민기, 김지원, 손석구, 이엘

〈나인 : 아홉 번의 시간여행〉 2013

tvN 20부작 드라마 | 제작 : 초록뱀미디어, 제이에스픽쳐스 | 연출 : 김병수 | 각본 : 송재정, 김윤주 | 출연 : 이진욱, 조윤희, 전노민, 서우진, 김희령

〈남자의 자격〉 2009~2013

KBS2 205부작 예능 | 제작 : 훈미디어 | 연출 : 신원호, 조성숙, 정희섭 | 작가 : 이우정, 권유경, 모은설 | 출연 : 이경규, 김국진, 김태원, 이윤석, 윤형빈, 주상욱, 김준호

〈낭만닥터 김사부〉 2016~2017

SBS 20부작 드라마 | 제작 : 삼화네트웍스 | 연출 : 유인식, 박수진 | 각본 : 강은경 | 출연 : 한석규, 유연석, 서현진

〈내 생애 마지막 스캔들〉 2008

MBC 16부작 드라마 | 제작 : 로고스필름 | 연출 : 이태곤 | 각본 : 문희정 | 출연 : 최진실, 정준호, 정웅인, 변정수

〈내 이름은 김삼순〉 2005

MBC 16부작 드라마 | 제작 : MBC | 연출 : 김윤철 | 각본 : 김도우 | 출연 : 김선아, 현빈, 정려원, 다니엘 헤니

〈노는 언니〉 2020~2021

E채널 56부작 예능 | 제작 : 티캐스트 | 연출 : 방현영 | 작가 : 장윤희 | 출연 : 박세리, 한유미, 이상화, 김은혜, 조해리, 서효원, 김자인, 신수지, 김성연, 정유인

〈놀면 뭐하니?-환불원정대〉 2020

MBC 예능 | 연출 : 박창훈, 김진용, 장우성, 왕종석, 장효종 | 기획 : 박창훈 | 출연 : 이효리, 엄정화, 제시, 화사, 유재석

〈늑대의 유혹〉 2004

제작 : 싸이더스 | 연출 : 김태균 | 원작 : 귀여니 | 각본 : 김태균 | 출연 : 조한선, 강동원, 이청아, 정다혜, 권오민

〈다모〉 2003

MBC 14부작 드라마 | 연출 : 이재규 | 각본 : 정형수 | 출연 : 하지원, 이서진, 김민준, 권오중

〈다세포소녀〉 2006

제작 : 영화세상, 다세포클럽 | 연출 : 이재용 | 원작 : B급달궁 | 각본 : 이재용 | 출연 : 김옥빈, 박진우, 이켠, 유건

〈닥터 차정숙〉 2023

JTBC 16부작 드라마 | 제작 : 스튜디오앤뉴, SLL, JCN | 연출 : 김대진, 김정욱 | 각본 : 정여랑 | 출연 : 엄정화, 김병철, 민우혁, 명세빈

〈닥터스〉 2016

SBS 20부작 드라마 | 제작 : 팬 엔터테인먼트 | 연출 : 오충환 | 각본 : 하명희 | 출연 : 김래원, 박신혜, 윤균상, 이성경

〈달콤한 인생〉 2005

제작 : 영화사 봄 | 연출 : 김지운 | 각본 : 김지운 | 출연 : 이병헌, 김영철, 신민아, 김뢰하, 이기영

〈대장금〉 2003~2004

MBC 54부작 드라마 | 연출 : 이병훈 | 각본 : 김영현 | 출연 : 이영애, 지진희, 홍리나, 양미경, 임호

〈대추나무 사랑걸렀네〉 1990~2007

KBS 852부작 드라마 | 연출 : 고성원, 엄기백, 박수동, 어수선, 이성주, 신현수, 이원익, 염현섭 | 각본 : 양근승 | 출연 : 김상순, 백수련, 서승현, 김인문, 김무생, 남능미, 박인환, 박혜숙, 김성겸, 백일섭, 윤미라, 심양홍

〈대행사〉 2023

JTBC 16부작 드라마 | 제작 : 하우픽쳐스, 드라마하우스스튜디오, SLL | 연출 : 이창민 | 각본 : 송수한 | 출연 : 이보영, 손나은, 조성하, 한준우, 전혜진

〈댄스가수 유랑단〉 2023

tvN 예능 | 제작사 : TEO | 연출 : 김태호, 강령미 | 작가 : 최혜정 | 출연 : 김완선, 엄정화, 이효리, 보아, 화사, 홍현희

〈더 글로리〉 2022~2023

넷플릭스 16부작 드라마 | 제작 : 스튜디오드래곤, 화앤담픽쳐스 | 연출 : 안길호 | 각본 : 김은숙 | 출연 : 송혜교, 이도현, 임지연, 염혜란, 박성훈, 정성일, 김히어라, 차주영, 김건우

〈더 바이러스〉 2013

OCN 10부작 드라마 | 제작 : 제이에스픽쳐스 | 연출 : 최영수 | 각본 : 이명숙 | 출연 : 엄기준, 이기우, 안석환, 유빈, 이소정, 현우

〈더 킹 : 영원한 군주〉 2020

SBS 16부작 드라마 | 제작 : 화앤담픽쳐스, 스튜디오드래곤 | 연출 : 백상훈, 정지현 | 각본 : 김은숙 | 출연자 : 이민호, 김고은, 우도환, 김경남, 정은채, 이정진

〈도깨비〉 2016~2017

tvN 16부작 드라마 | 제작 : 화앤담픽쳐스 | 연출 : 이응복 | 각본 : 김은숙 | 출연 : 공유, 이동욱, 김고은, 유인나, 육성재

〈도도솔솔라라솔〉 2020

KBS2 16부작 드라마 | 제작 : 몬스터유니온 | 연출 : 김민경 | 각본 : 오지영 | 출연 : 고아라, 이재욱, 김주헌, 신은수, 예지원

〈뜻밖의 여정〉 2022

tvN 예능 | 연출 : 나영석, 신효정 | 작가 : 이우정, 김대주 | 출연 : 윤여정, 이서진

〈라켓 소년단〉 2021

SBS 16부작 드라마 | 제작 : 팬엔터테인먼트 | 연출 : 조영광 | 각본 : 정보훈 | 출연 : 김상경, 오나라, 탕준상, 손상연, 최현욱

〈런닝맨〉 2010~현재

SBS 예능 | 연출 : 최형인, 김남중, 정지은, 이명재, 손수완, 윤종서, 김수림 | 작가 : 양효임, 강서림, 지가은, 한아름, 정효선, 이상하, 김민희, 황연경, 이주현, 최아영 | 출연 : 유재석, 지석진, 김종국, 하하, 송지효, 양세찬, 전소민

〈마당이 있는 집〉 2023

ENA 8부작 드라마 | 제작 : KT스튜디오지니, 스튜디오드래곤, 영화사 도로시 | 연출 : 정지현, 허석원 | 각본 : 지아니 | 출연 : 김태희, 임지연, 김성오, 최재림, 정운선

〈마더〉 2009

제작 : 바른손 E&A | 연출 : 봉준호 | 각본 : 박은교, 봉준호 | 출연 : 김혜자, 원빈

〈마스크걸〉 2023

넷플릭스 7부작 드라마 | 제작 : 하우스 오브 임프레션, 본팩토리 | 연출 : 김용훈 | 원작 : 매미 | 각본 : 김용훈 | 출연 : 고현정, 나나, 안재홍, 엄혜란

〈마이 네임〉 2021

넷플릭스 8부작 드라마 | 제작 : 스튜디오 산타클로스 | 연출 : 김진민 | 각본 : 김바다 | 출연 : 한소희, 박희순, 안보현, 김상호, 이학주

〈마인〉 2021

tvN 16부작 드라마 | 제작 : 스튜디오드래곤, 제이에스픽쳐스 | 연출 : 이나정, 오승열, 김형준 | 각본 : 백미경 | 출연 : 이보영, 김서형, 이현욱, 옥자연, 차학연, 정이서

〈말죽거리잔혹사〉 2004

제작 : 싸이더스 | 연출 : 유하 | 각본 : 유하 | 출연 : 권상우, 이정진, 한가인, 김인권, 이종혁

〈무릎팍도사〉 2007~2013

MBC 262부작 예능 | 연출 : 강영선, 노시용 | 기획 : 박현호 | 출연 : 강호동, 이수근, 장동혁

〈무한도전〉 2006~2018

MBC 563부작 예능 | 연출 : 임경식, 김선영, 정다히 | 기획 : 김태호 | 출연 : 유재석, 박명수, 정준하, 하하, 양세형, 조세호, 황광희, 정형돈, 노홍철, 길, 전진

〈미나리〉 2021

제작 : A24, 플랜 B 엔터테인먼트 | 연출 : 정이삭 | 각본 : 정이삭 | 출연 : 스티븐 연, 한예리, 윤여정, 윌 패튼, 앨런 김, 노엘 조

〈미스터 션샤인〉 2018

tvN 24부작 드라마 | 제작 : 화앤담픽쳐스 | 연출 : 이응복 | 각본 : 김은숙 | 출연 : 이병헌, 김태리, 유연석, 김민정, 변요한

〈미쓰백〉 2018

제작 : 영화사 배 | 연출 : 이지원 | 각본 : 이지원 | 출연 : 한지민, 김시아, 이희준, 권소현, 백수장

〈미씽 : 사라진 여자〉 2016

제작 : 다이스필름 | 연출 : 이언희 | 각본 : 홍은미 | 출연 : 엄지원, 공효진, 서하늬, 김가률, 박해준

〈미안하다, 사랑한다〉 2004

KBS2 16부작 드라마 | 제작 : 에이트픽스 | 연출 : 이형민 | 각본 : 이경희 | 출연 : 소지섭, 임수정, 정경호, 서지영, 최여진

〈미옥〉 2017

제작 : 영화사 소중한 | 연출 : 이안규 | 각본 : 이안규 | 출연 : 김혜수, 이선균, 이희준, 최무성, 김민석

〈밀수〉 2023

제작 : 외유내강 | 연출 : 류승완 | 각본 : 김정연, 류승완 | 출연 : 김혜수, 염정아, 조인성, 박정민, 고민시

〈바람난 가족〉 2003

제작 : 명필름 | 연출 : 임상수 | 각본 : 임상수 | 출연 : 문소리, 황정민, 윤여정, 봉태규

〈박원숙의 같이 삽시다〉 2017~현재

KBS 예능 | 기획 : 이세희 | 연출 : 허정훈, 이강숙, 이창휘, 신승미, 윤하늘 | 작가 : 오유선, 박민아, 윤지혜, 이지홍, 이윤아 | 출연 : 박원숙, 김영란, 김청, 문숙, 혜은이, 박준금, 김혜정, 이경진, 안소영, 안문숙

〈박하경 여행기〉 2023

Wave 8부작 드라마 | 제작 : 더램프주식회사 | 연출 : 이종필 | 각본 : 손미 | 출연 : 이나영, 구교환, 길해연, 박세완, 박인환

〈발리에서 생긴 일〉 2004

SBS 20부작 드라마 | 제작 : 이김 | 연출 : 최문석 | 각본 : 김기호, 황성연 | 출연 : 하지원, 조인성, 소지섭, 박예진

〈백희가 돌아왔다〉 2016

KBS 4부작 드라마 | 제작 : FNC 엔터테인먼트 | 연출 : 차영훈 | 각본 : 임상춘 | 출연 : 강예원, 진지희, 김성오, 최대철

〈뱀파이어 검사〉 2011

OCN 12부작 드라마 | 제작 : CMG초록별 | 연출 : 김병수 | 각본 : 한정훈 | 출연 : 연정훈, 이영아, 이원종, 장현성, 송채윤

〈벌새〉 2019

제작 : 에피파니 | 연출 : 김보라 | 각본 : 김보라 | 출연 : 박지후, 김새벽, 정인기, 이승연, 박수연

〈법쩐〉 2023

제작 : 스튜디오S | 연출 : 이원태, 함준호 | 각본 : 김원석 | 출연 : 이선균, 문채원, 강유석, 박훈

〈베토벤 바이러스〉 2008

MBC 18부작 드라마 | 제작 : 김종학 프로덕션, 스내핑엔터테인먼트 | 연출 : 이재규 | 각본 : 홍진아, 홍자람 | 출연 : 김명민, 장근석, 이지아, 이순재, 김영민

〈봄 여름 가을 겨울 그리고 봄〉 2003

제작 : LJ 필름, 판도라 필름 | 연출 : 김기덕 | 각본 : 김기덕 | 출연 : 오영수, 김종호, 김영민, 서재경

〈부부의 세계〉 2020

JTBC 16부작 드라마 | 제작 : JTBC스튜디오 | 연출 : 모완일 | 각본 : 주현 | 출연 : 김희애, 박해준, 한소희, 박선영, 김영민

〈부산행〉 2016

제작 : 영화사 레드피터 | 연출 : 연상호 | 각본 : 연상호, 박주석 | 출연 : 공유, 정유미, 마동석

〈분홍신〉 2005

제작 : 청년필름 | 연출 : 김용균 | 각본 : 마상렬, 김용균 | 출연 : 김혜수, 김성수, 박연아, 고수희

〈불멸의 이순신〉 2004~2005

KBS1 104부작 드라마 | 연출 : 이성주, 김정규 | 각본 : 윤선주, 윤영수 | 출연 : 김명민, 최재성, 이재룡, 박찬환, 안승훈

〈불새〉 2004

MBC 26부작 드라마 | 제작 : 초록뱀미디어 | 연출 : 오경훈 | 각본 : 이유진 | 출연 : 이은주, 이서진, 문정혁, 정혜영

〈브이아이피〉 2017

제작 : 영화사 금월, 페퍼민트앤컴퍼니 | 연출 : 박훈정 | 각본 : 박훈정 | 출연 : 장동건, 김명민, 박희순, 이종석

〈비밀의 숲〉 2017

tvN 16부작 | 제작 : 씨그널 엔터테인먼트 | 연출 : 안길호 | 각본 : 이수연 | 출연 : 조승우, 배두나, 이준혁, 유재명, 신혜선

〈빈센조〉 2021

tvN 20부작 드라마 | 제작 : 스튜디오드래곤, 로고스필름 | 연출 : 김희원, 함승훈 | 각본 : 박재범 | 출연 : 송중기, 전여빈, 옥택연, 유재명, 김여진

〈뿅뿅 지구오락실〉 2022~현재

tvN 예능 | 제작 : CJ ENM | 연출 : 나영석, 박현용 | 작가 : 이우정 | 출연 : 이은지, 미미, 이영지, 안유진

〈사내맞선〉 2022

SBS 12부작 드라마 | 제작 : 크로스픽쳐스 | 연출 : 박선호 | 원작 : 해화 | 각본 : 한설희, 홍보희 | 출연 : 안효섭, 김세정, 김민규, 설인아

〈사냥의 시간〉 2020

제작 : 싸이더스 | 연출 : 윤성현 | 각본 : 윤성현 | 출연 : 이제훈, 안재홍, 최우식, 박정민, 박해수

〈사랑의 불시착〉 2019~2020

tvN 16부작 드라마 | 제작 : 스튜디오드래곤, 문화창고 | 연출 : 이정효 | 각본 : 박지은 | 출연 : 현빈, 손예진, 서지혜, 김정현

〈사생결단〉 2006

제작 : MK 픽쳐스 | 연출 : 최호 | 각본 : 최호, 윤덕원 | 출연 : 류승범, 황정민, 김희라, 추자현

〈사월의 끝〉 2017

제작 : 코라필름 | 연출 : 김광복 | 각본 : 김광복 | 출연 : 박지수, 이빛나, 장소연, 조경숙, 성민수

〈사이코지만 괜찮아〉 2020

tvN 16부작 드라마 | 제작 : 스튜디오드래곤, 스토리티비, 골드메달리스트 | 연출 : 박신우 | 각본 : 조용 | 출연 : 김수현, 서예지, 오정세, 박규영

〈삼진그룹 영어토익반〉 2020

제작 : 더 램프 | 연출 : 이종필 | 각본 : 홍수영, 손미 | 출연 : 고아성, 이솜, 박혜수, 조현철, 김종수

〈상속자들〉 2013

SBS 20부작 드라마 | 제작 : 화앤담픽쳐스 | 연출 : 강신효, 부성철 | 각본 : 김은숙 | 출연 : 이민호, 박신혜, 김우빈, 정수정, 김지원, 강민혁, 강하늘, 박형식

〈살인의 추억〉 2003

제작 : 싸이더스 ｜ 연출 : 봉준호 ｜ 각본 : 봉준호, 심성보 ｜ 출연 : 송강호, 김상경, 김뢰하, 송재호

〈삼시세끼〉 2014~2020

tvN 예능 ｜ 제작 : CJ ENM ｜ 연출 : 나영석, 양슬기 ｜ 작가 : 김대주 ｜ 출연 : 이서진, 옥택연, 유해진, 차승원, 김광규, 손호준, 남주혁, 에릭, 윤균상, 염정아, 윤세아, 박소담

〈서복〉 2021

제작 : 스튜디오101, CJ 엔터테인먼트 ｜ 연출 : 이용주 ｜ 각본 : 이용주, 염규훈, 이재민, 조민석 ｜ 출연 : 공유, 박보검, 조우진, 장영남, 박병은

〈설강화〉 2021~2022

JTBC 16부작 드라마 ｜ 제작 : 드라마하우스스튜디오, JTBC스튜디오 ｜ 연출 : 조현탁 ｜ 각본 : 유현미 ｜ 출연 : 정해인, 지수, 장승조, 윤세아, 김혜윤, 유인나, 정유진

〈세컨 하우스〉 2022~2023

KBS2 12부작 예능 ｜ 제작 : 아센디오, 선인장 미디어 ｜ 연출 : 이우현, 고혜진, 권아람, 강아영, 채아현, 김상아, 최예영, 최예진, 신승희 ｜ 작가 : 나혜정, 백선효, 금수연, 양예진, 신미림, 안진희, 이정원 ｜ 출연 : 최수종, 하희라, 주상욱, 조재윤

〈수리남〉 2022

넷플릭스 6부작 드라마 ｜ 제작 : 영화사 월광, 퍼펙트스톰필름 ｜ 연출 : 윤종빈 ｜ 각본 : 윤종빈, 권성휘 ｜ 출연 : 하정우, 황정민, 조우진, 박해수, 유연석, 추자현, 장첸

〈슈룹〉 2022

tvN 16부작 드라마 ｜ 제작 : 스튜디오드래곤, 하우픽쳐스 ｜ 연출 : 김형식 ｜ 각본 : 박바라 ｜ 출연자 : 김혜수, 김해숙, 최원영, 문상민, 옥자연

〈슈퍼맨이 돌아왔다〉 2013~현재

KBS2 예능 ｜ 제작 : 얼반웍스 ｜ 연출 : 손자연, 유지윤, 서유진, 기하정 ｜ 기획 : 조성숙 ｜ 출연 : 소유진, 이석훈, 박주호, 후지타 사유리, 김동현, 제이쓴, 김준호, 강경준

〈스마트 폰을 떨어뜨렸을 뿐인데〉 2023

제작 : 영화사 미지 | 연출 : 김태준 | 원작 : 시가 아키라 | 각본 : 김태준 | 출연 : 천우희, 임시완, 김희원, 박호산, 김예원

〈스물다섯 스물하나〉 2022

tvN 16부작 드라마 | 제작 : 화앤담픽쳐스 | 연출 : 정지현 | 각본 : 권도은 | 출연 : 김태리, 남주혁, 김지연, 최현욱, 이주명

〈스위트홈〉 2020

넷플릭스 10부작 드라마 | 제작 : 스튜디오드래곤, 스튜디오N | 원작 : 김칸비 | 연출 : 이응복, 박소현 | 출연 : 송강, 이진욱, 이시영, 이도현, 김남희, 고민시, 박규영, 고윤정, 김갑수, 김상호

〈스카이 캐슬〉 2018~2019

JTBC 20부작 드라마 | 제작 : HB엔터테인먼트, 드라마하우스 | 연출 : 조현탁, 김도형 | 각본 : 유현미 | 출연 : 염정아, 이태란, 윤세아, 오나라, 김서형

〈스캔들 : 조선남녀상열지사〉 2003

제작 : 영화사 봄 | 연출 : 이재용 | 각본 : 이재용, 김대우, 김현정 | 출연 : 배용준, 이미숙, 전도연, 조현재, 이소연

〈스트릿 우먼 파이터〉 2021

Mnet 9부작 예능 | 제작 : CJ ENM, 루이웍스미디어 | 연출 : 최정남 | 작가 : 천진영 | 출연 : 강다니엘, 보아, 태용, 코카앤버터, YGX, 라치카, 프라우드먼, 훅, 웨이비, 원트, 홀리뱅

〈슬기로운 의사생활〉 2020

tvN 12부작 드라마 | 제작 : 에그이즈커밍 | 연출 : 신원호 | 각본 : 이우정 | 출연 : 조정석, 유연석, 정경호, 김대명, 전미도

〈승리호〉 2021

제작 : 영화사 비단길 | 연출 : 조성희 | 각본 : 조성희, 모칸 | 출연 : 송중기, 김태리, 진선규, 유해진, 김향기

〈시그널〉 2016

tvN 16부작 드라마 | 제작 : 에이스토리 | 연출 : 김원석 | 각본 : 김은희 | 출연 : 이제훈, 김혜수, 조진웅, 장현성, 정해균

〈신과 함께–죄와 벌〉 2017

제작 : 리얼라이즈 픽쳐스, 덱스터스튜디오 | 연출 : 김용화 | 원작 : 주호민 | 각본 : 김용화 | 출연 : 하정우, 차태현, 주지훈, 김향기, 김동욱, 마동석

〈신사와 아가씨〉 2021〜2022

KBS2 52부작 드라마 | 제작 : 지앤지프로덕션 | 연출 : 신창석 | 각본 : 김사경 | 출연 : 지현우, 이세희, 강은탁, 박하나

〈실미도〉 2003

제작 : 시네마서비스, 한맥영화 | 연출 : 강우석 | 각본 : 김희재 | 출연 : 안성기, 설경구, 정재영, 임원희

〈쌍화점〉 2008

제작 : 오퍼스픽쳐스, 필름포에타 | 연출 : 유하 | 각본 : 유하 | 출연 : 조인성, 주진모, 송지효, 심지호, 임주환

〈아가씨〉 2016

제작 : 모호필름, 용필름, 유한회사 아가씨에프에스 INC. | 연출 : 박찬욱 | 각본 : 박찬욱, 정서경 | 출연 : 김민희, 김태리, 하정우, 조진웅, 김해숙

〈아내의 유혹〉 2008〜2009

SBS 129부작 드라마 | 제작 : 스타맥스 | 연출 : 오세강 | 각본 : 김순옥 | 출연 : 장서희, 변우민, 김서형, 이재황

〈아빠 어디가〉 2013〜2015

MBC 104부작 예능 | 제작 : 온다컴 | 연출 : 김유곤, 강궁 | 기획 : 권석 | 출연 : 김성주, 성동일, 이종혁, 윤민수, 송종국

〈어쩌다 마주친, 그대〉 2023

KBS 16부작 드라마 | 제작 : ARC MEDIA | 연출 : 강수연, 이웅희 | 각본 : 백소연 | 출연 : 김동욱, 진기주

〈어쩌다 사장〉 2021

tvN 11부작 예능 | 제작 : CJ ENM | 연출 : 유호진, 윤인회 | 작가 : 지현숙 | 출연 : 차태현, 조인성

〈어쩌다 전원일기〉 2022

카카오TV 12부작 드라마 | 제작 : 카카오엔터테인먼트 | 연출 : 권석장 | 각본 : 백은경 | 출연 : 조이, 추영우, 백성철, 하율리

〈연인〉 2006~2007

SBS 20부작 드라마 | 제작 : 케이드림 | 연출 : 신우철 | 각본 : 김은숙 | 출연 : 이서진, 김정은, 정찬, 김규리

〈영웅〉 2022

제작 : 제이케이필름 | 연출 : 윤제균 | 원작 : 한아름 | 각본 : 윤제균 | 출연 : 정성화, 김고은, 나문희, 조재윤, 배정남

〈오아시스〉 2023

KBS2 16부작 드라마 | 제작 : 세이온미디어, 래몽래인 | 연출 : 한희 | 각본 : 정형수 | 출연 : 장동윤, 설인아, 추영우

〈오징어 게임〉 2021

넷플릭스 9부작 드라마 | 제작 : 싸이런픽쳐스 | 연출 : 황동혁 | 각본 : 황동혁 | 출연 : 이정재, 박해수, 오영수, 위하준, 전호연, 허성태

〈올드보이〉 2003

제작 : 쇼이스트 | 연출 : 박찬욱 | 원작 : 츠치야 가론, 미네기시 노부아키 | 각본 : 박찬욱, 임준형, 황조윤 | 출연 : 최민식, 유지태, 강혜정

〈올인〉 2003

SBS 24부작 드라마 ㅣ 제작 : 초록뱀미디어 ㅣ 연출 : 유철용 ㅣ 각본 : 최완규 ㅣ 출연 : 이병헌, 지성, 송혜교, 박솔미, 이덕화

〈옥수역 귀신〉 2021

제작 : 미스터리픽처스 ㅣ 연출 : 정용기 ㅣ 원작 : 호랑 ㅣ 각본 : 타카하시 히로시, 이소영 ㅣ 출연 : 김보라, 김재현, 신소율

〈옷소매 붉은 끝동〉 2021~2022

MBC 17부작 드라마 ㅣ 제작 : 위매드, 앤피오엔터테인먼트 ㅣ 연출 : 정지인, 송연화 ㅣ 각본 : 정해리 ㅣ 출연 : 이준호, 이세영, 강훈, 이덕화, 박지영

〈왕의 남자〉 2005

제작 : 이글픽쳐스 ㅣ 연출 : 이준익 ㅣ 각본 : 최석환 ㅣ 출연 : 감우성, 정진영, 강성연, 이준기, 장항선

〈요즘 육아 금쪽같은 내새끼〉 2020~현재

채널A 예능 ㅣ 제작 : 얼반웍스 ㅣ 연출 : 김승훈, 강태연, 정재국, 박진우, 김규리 ㅣ 작가 : 오현주 ㅣ 출연 : 오은영, 신애라, 장영란, 정형돈, 홍현희

〈용서받지 못한 자〉 2005

제작 : 에이앤디 픽쳐스 ㅣ 연출 : 윤종빈 ㅣ 각본 : 윤종빈 ㅣ 출연 : 하정우, 서장원, 윤종빈, 임현성, 한수현

〈우리들의 블루스〉 2022

tvN 20부작 드라마 ㅣ 제작 : 스튜디오드래곤, 지티스트 ㅣ 연출 : 김규태, 이정묵, 김양희 ㅣ 각본 : 노희경 ㅣ 출연 : 이병헌, 신민아, 차승원, 이정은, 한지민, 김우빈, 엄정화

〈우리 생애 최고의 순간〉 2007

제작 : MK픽쳐스 ㅣ 연출 : 임순례 ㅣ 각본 : 나현 ㅣ 출연 : 문소리, 김정은, 엄태웅, 김지영, 조은지

〈유미의 세포들〉 2021

TVING, tvN 14부작 드라마 ｜ 제작 : 스튜디오드래곤, 스튜디오N, 메리카우 ｜ 연출 : 이상엽 ｜ 원작 : 이동건 ｜ 각본 : 송재정, 김윤주, 김경란 ｜ 출연 : 김고은, 안보현, 이유비, 박지현

〈은밀하게 위대하게〉 2013

제작 : MCMC ｜ 연출 : 장철수 ｜ 원작 : HUN ｜ 각본 : 김방현, 윤홍기 ｜ 출연 : 김수현, 박기웅, 이현우, 손현주, 박혜숙, 김성균, 고창석, 장광

〈응답하라 1988〉 2015~2016

tvN 20부작 드라마 ｜ 제작 : tvN, CJ E&M ｜ 연출 : 신원호, 유학찬 ｜ 각본 : 이우정, 이선혜, 김송희, 정보훈 ｜ 출연 : 성동일, 이일화, 라미란, 김성균, 최무성, 김선영, 유재명, 류혜영, 혜리, 류준열, 고경표, 박보검, 안재홍, 이동휘, 최성원

〈이산〉 2007~2008

MBC 77부작 드라마 ｜ 제작 : 김종학 프로덕션 ｜ 연출 : 이병훈, 김근홍 ｜ 각본 : 김이영 ｜ 출연 : 이서진, 한지민, 이순재, 김여진

〈이상한 변호사 우영우〉 2022

ENA 16부작 드라마 ｜ 제작 : 에이스토리, KT스튜디오지니, 낭만크루 ｜ 연출 : 유인식 ｜ 각본 : 문지원 ｜ 출연 : 박은빈, 강태오, 강기영, 전배수, 백지원

〈이태원 클라쓰〉 2020

JTBC 16부작 드라마 ｜ 제작 : 쇼박스, 지음 ｜ 연출 : 김성윤, 강민구 ｜ 원작 : 조광진 ｜ 각본 : 조광진 ｜ 출연 : 박서준, 김다미, 권나라, 김동희, 안보현

〈인간수업〉 2020

넷플릭스 10부작 드라마 ｜ 제작 : 스튜디오 329 ｜ 연출 : 김진민 ｜ 각본 : 진한새 ｜ 출연 : 김동희, 정다빈, 박주현, 남윤수

〈일타 스캔들〉 2023

tvN 16부작 드라마 | 제작 : 스튜디오드래곤 | 연출 : 유제원 | 각본 : 양희승, 여은호 | 출연 : 전도연, 정경호, 노윤서

〈의형제〉 2010

제작 : 쇼박스, 루비콘픽쳐스, 다세포클럽 | 연출 : 장훈 | 각본 : 장민석 | 출연 : 강동원, 송강호, 박혁권, 윤희석, 고창석, 전국환

〈작은 아씨들〉 2022

tvN 12부작 드라마 | 제작 : 스튜디오드래곤 | 연출 : 김희원 | 각본 : 정서경 | 출연 : 김고은, 남지현, 박지후, 위하준

〈장화, 홍련〉 2003

제작 : 마술피리, 영화사 봄 | 연출 : 김지운 | 각본 : 김지운 | 출연 : 임수정, 문근영, 염정아, 김갑수

〈재벌집 막내아들〉 2022

JTBC 16부작 드라마 | 제작 : SLL, 래몽래인 | 연출 : 정대윤, 김상호 | 원작 : 산경 | 각본 : 김태희, 장은재 | 출연 : 송중기, 이성민, 신현빈, 윤제문, 김정난, 조한철, 박지현

〈전원일기〉 1980~2002

MBC 1088부작 드라마 | 연출 : 이연헌, 김한영, 이관희, 이은규, 강병문, 권이상 | 각본 : 차범석, 김정수, 김남, 조한순, 윤묘희, 이종욱, 박예랑, 김진숙, 홍애경 | 출연 : 최불암, 김혜자, 김수미, 김용건, 고두심, 유인촌, 박순천

〈정이〉 2023

제작 : 클라이맥스 스튜디오 | 연출 : 연상호 | 각본 : 연상호 | 출연 : 김현주, 강수연, 류경수

〈정직한 후보〉 2020

제작 : 홍필름, 수필름 | 연출 : 장유정 | 각본 : 허성혜, 장유정, 김선 | 출연 : 라미란, 김무열, 나문희, 윤경호, 송영창

〈종이달〉 2023

ENA 10부작 드라마 | 제작 : KT스튜디오 지니, 롯데컬처웍스, 빅오션이엔엠 | 연출 : 유종선, 정원희 | 원작 : 가쿠다 미쓰요 | 각본 : 노윤수 | 출연 : 김서형, 공정환, 유선, 이천희, 서영희

〈종이의 집 : 공동경제구역〉 2022

넷플릭스 12부작 드라마 | 제작 : BH엔터테인먼트, 콘텐츠지음 | 연출 : 김홍선 | 원작 : 스페인 드라마 〈종이의 집〉 | 각본 : 류용재, 김환채, 최성준 | 출연 : 유지태, 김윤진, 박해수, 전종서

〈종합병원〉 1994~1996

MBC 92부작 드라마 | 연출 : 이주환 | 각본 : 최완규 | 출연 : 신은경, 김지수, 구본승, 이재룡, 박소현

〈좋은 놈, 나쁜 놈, 이상한 놈〉 2008

제작 : 바른손, 영화사 그림 | 연출 : 김지운 | 각본 : 김지운, 김민석 | 출연 : 송강호, 이병헌, 정우성, 윤제문, 류승수

〈지구를 지켜라〉 2003

제작 : 싸이더스 | 연출 : 장준환 | 각본 : 장준환 | 출연 : 신하균, 백윤식, 황정민, 이재용

〈지금 우리 학교는〉 2022

넷플릭스 12부작 드라마 | 제작 : 필름몬스터 by JTBC 스튜디오, 김종학프로덕션 | 연출 : 이재규, 김남수 | 원작 : 주동근 | 각본 : 천성일 | 출연 : 박지후, 윤찬영, 조이현, 로몬, 유인수, 이유미

〈지옥〉 2021

넷플릭스 6부작 드라마 | 재작 : 클라이맥스 스튜디오 | 연출 : 연상호 | 각본 : 연상호, 최규석 | 출연 : 유아인, 김현주, 박정민, 원진아, 양익준, 김도윤, 김신록, 류경수, 이레

〈찬실이는 복도 많지〉 2020

제작 : 사이드미러 | 연출 : 김초희 | 각본 : 김초희 | 출연 : 강말금, 윤여정, 김영민, 윤승아, 배유람

〈천국의 계단〉 2003~2004

SBS 20부작 드라마 | 제작 : 로고스 필름 | 연출 : 이장수 | 각본 : 박혜경 | 출연 : 권상우, 최지우, 신현준, 김태희, 이휘향

〈청년경찰〉 2017

제작사 : 무비락 | 연출 : 김주환 | 각본 : 김주환 | 출연 : 강하늘, 박서준, 성동일, 박하선, 정다은

〈청춘기록〉 2020

tvN 16부작 드라마 | 제작 : 팬엔터테인먼트, 스튜디오드래곤 | 연출 : 안길호 | 각본 : 하명희
출연 : 박보검, 박소담, 변우석

〈친절한 금자씨〉 2005

제작 : 모호필름 | 연출 : 박찬욱 | 각본 : 정서경, 박찬욱 | 출연 : 이영애, 최민식, 권예영, 김시후, 남일우

〈카지노〉 2022

디즈니+ 8부작 드라마 | 제작 : 아크미디어, BA엔터테인먼트, 씨제스엔터테인먼트 | 연출 : 강윤성, 남기훈 | 각본 : 강윤성 | 출연 : 최민식, 손석구, 이동휘, 허성태, 이규형

〈커피프린스 1호점〉 2007

MBC 17부작 드라마 | 연출 : 이윤정 | 각본 : 이선미, 장현주 | 출연 : 공유, 윤은혜, 이선균, 채정안, 김창완

〈콜〉 2020

제작 : 용필름 | 연출 : 이충현 | 각본 : 강선주, 이충현 | 출연 : 박신혜, 전종서, 김성령, 이엘, 박호산

〈퀸메이커〉 2023

넷플릭스 11부작 드라마 ｜ 제작 : 인사이트필름, 스튜디오포커스엑스, 에이스토리 ｜ 연출 : 오진석 ｜ 각본 : 문지영 ｜ 출연 : 김희애, 문소리, 류수영, 서이숙, 이경영, 진경

〈킬힐〉 2022

tvN 14부작 드라마 ｜ 제작 : 유비컬쳐, 메이퀸픽쳐스 ｜ 연출 : 노도철, 김새별 ｜ 각본 : 신광호, 이춘우 ｜ 출연 : 김하늘, 이혜영, 김성령, 김재철, 정의제

〈킹덤〉 2019

넷플릭스 6부작 드라마 ｜ 제작 : 에이스토리 ｜ 연출 : 김성훈 ｜ 각본 : 김은희 ｜ 출연 : 주지훈, 류승룡, 배두나

〈타짜〉 2006

제작 : 싸이더스FNH, 영화사 참 ｜ 연출 : 최동훈 ｜ 원작 : 허영만, 김세영 ｜ 각본 : 최동훈 ｜ 출연 : 조승우, 김혜수, 백윤식, 유해진, 김윤석

〈태극기 휘날리며〉 2004

제작 : 강제규필름 ｜ 연출 : 강제규 ｜ 각본 : 강제규 ｜ 출연 : 장동건, 원빈, 이은주, 공형진, 이영란

〈택배기사〉 2023

넷플릭스 6부작 드라마 ｜ 제작 : 프로젝트 318 ｜ 연출 : 조의석 ｜ 원작 : 이윤균 ｜ 각본 : 조의석, 신연주, 김현덕 ｜ 출연자 : 김우빈, 송승헌, 강유석, 이솜

〈트롤리〉 2022~2023

SBS 16부작 드라마 ｜ 제작 : 스튜디오S ｜ 연출 : 김문교 ｜ 각본 : 류보리 ｜ 출연 : 김현주, 박희순, 김무열, 정수빈, 류현경, 기태영

〈파리의 연인〉 2004

SBS 20부작 드라마 ｜ 제작 : 캐슬인더스카이 ｜ 연출 : 신우철, 손정현 ｜ 각본 : 김은숙, 강은정 출연 : 박신양, 김정은, 이동건

〈파친코〉 2022

Apple TV+ 8부작 드라마 | 제작 : Media Res | 연출 : 코고나다, 저스틴 전 | 원작 : 이민진 | 각본 : 수휴 | 출연 : 진하, 한준우, 정인지, 정은채, 김민하, 이민호, 미나미 카호, 노상현, 안나 사웨이, 지미 심스, 윤여정

〈패밀리가 떴다〉 2008~2010

SBS 102부작 예능 | 제작 : D초콜릿, 아이에이치큐 | 연출 : 장혁재 | 작가 : 이미선 | 출연 : 유재석, 이효리, 윤종신, 김수로, 대성, 김종국, 박해진

〈펜트하우스〉 2020~2021

SBS 21부작 드라마 | 제작 : 초록뱀미디어 | 연출 : 주동민, 박보람 | 각본 : 김순옥 | 출연 : 이지아, 김소연, 유진, 엄기준, 신은경

〈폭력의 씨앗〉 2017

제작 : 타이거시네마, 단국대학교 영화콘텐츠전문대학원 | 연출 : 임태규 | 각본 : 문광백 | 출연 : 이가섭, 정재윤, 박성일, 김소이

〈풀하우스〉 2004

KBS2 16부작 드라마 | 연출 : 표민수 | 원작 : 원수연 | 각본 : 민효정 | 출연 : 비, 송혜교, 김성수, 한다감, 이영은, 강도한

〈품위 있는 그녀〉 2017

JTBC 20부작 드라마 | 제작 : 제이에스픽쳐스 | 연출 : 김윤철 | 각본 : 백미경 | 출연 : 김희선, 김선아, 정상훈, 이태임, 이기우

〈하얀 거탑〉 2007

MBC 20부작 드라마 | 제작 : 김종학 프로덕션 | 연출 : 안판석 | 원작 : 야마사키 토요코 | 각본 : 이기원 | 출연 : 김명민, 이선균, 송선미, 김보경, 변희봉

〈하이에나〉 2020

SBS 16부작 드라마 | 제작 : 키이스트 | 연출 : 장태유 | 각본 : 김루리 | 출연 : 김혜수, 주지훈, 이경영, 김호정, 송영규

〈허수아비들의 땅〉 2008

제작 : 테디베어필름 ┃ 연출 : 노경태 ┃ 각본 : 노경태 ┃ 출연 : 김선영, 은하, 정두원, 이미선, 신안진

〈허스토리〉 2018

제작 : 수필름 ┃ 연출 : 민규동 ┃ 각본 : 서혜림, 정겨운, 민규동 ┃ 출연 : 김희애, 김해숙, 예수정, 문숙, 이용녀

〈헌트〉 2022

제작 : 아티스트스튜디오, 사나이픽처스 ┃ 연출 : 이정재 ┃ 각본 : 이정재, 조승희 ┃ 출연 : 이정재, 정우성, 전혜진, 허성태, 고윤정, 김종수, 정만식, 강경헌

〈헤어질 결심〉 2022

제작 : 모호필름 ┃ 연출 : 박찬욱 ┃ 각본 : 정서경, 박찬욱 ┃ 출연 : 탕웨이, 박해일

〈화려한 휴가〉 2007

제작 : 기획시대 ┃ 연출 : 김지훈 ┃ 원작 : 박상연 ┃ 각본 : 나현 ┃ 출연 : 김상경, 안성기, 이요원, 이준기, 박철민

〈회장님네 사람들〉 2022~현재

tvN 예능 ┃ 제작 : CJ ENM ┃ 연출 : 김세훈, 현돈 ┃ CP : 전성호 ┃ 출연 : 김용건, 김수미, 이계인

〈히어로〉 2012

OCN 9부작 드라마 ┃ 제작 : 얼반웍스미디어 ┃ 연출 : 김홍선, 김정민 ┃ 각본 : 구동회, 김바다 ┃ 출연 : 양동근, 한채아, 손병호, 최철호